मंचीय
व्यंग्य
एकांकी

मंचीय व्यंग्य एकांकी

गिरिराज शरण अग्रवाल

सत्साहित्य प्रकाशन, दिल्ली

प्रकाशक : **सत्साहित्य प्रकाशन**

694–ए, (पहली मंजिल) चावड़ी बाजार, दिल्ली–110006

 / संस्करण : 2025 / मूल्य : चार सौ रुपए

मुद्रक : नरुला प्रिंटर्स, दिल्ली ISBN 978-81-7721-182-5

MANCHEEYA VYANGYA EKANKI

by Shri Giriraj Sharan Agrawal ₹ 400.00

Published by **SATSAHITYA PRAKASHAN**

694-A, (First Floor) Chawri Bazar, Delhi-110006

भूमिका

अभिमन्यु अनत के कहानी संग्रहों—'खामोशी के चीत्कार' (१९७६), 'इनसान और मशीन' (१९७६), 'वह बीच का आदमी' (१९८१) तथा 'एक थाली समंदर' (१९८७) के बाद अब उनका पाँचवाँ कहानी संग्रह 'बवंडर बाहर-भीतर' सन् २००२ में छपकर पाठकों के सम्मुख है। इस अंतराल का कारण यह नहीं है कि अनत ने कहानी लिखना बंद कर दिया है, बल्कि सत्यता यह है कि इस संग्रह के बाद भी सौ से अधिक कहानियाँ संग्रहों में छपने से रह गई हैं। कई बार लेखक से तथा अनत के मेरे जैसे मित्रों से भी अनजाने में ऐसी लापरवाही हो जाती है, परंतु मेरा विश्वास है कि शेष कहानियाँ भी शीघ्र ही संग्रहों के रूप में पाठकों तक पहुँच सकेंगी।

अभिमन्यु अनत मॉरीशस की हिंदी कहानी के केंद्र-बिंदु हैं। अभिमन्यु के हिंदी कहानी में पदार्पण से एक नए युग, एक नई चेतना और एक नई संवेदना का युग आरंभ होता है। यह ऐसा ही था जैसे प्रेमचंद ने हिंदी कहानी का कायाकल्प कर दिया। अभिमन्यु ने मॉरीशस की हिंदी कहानी को आधुनिक रूप दिया और उसे अतीत की यंत्रणा, वर्तमान के मानवीय संकट एवं अनाचार तथा भविष्य में मानव-मुक्ति के आह्वान से सार्थक बनाया। अभिमन्यु की कहानियों का अतीत गोरे मालिकों की दासता, शोषण और अत्याचार से घिरा है और वर्तमान अपने ही मालिकों की राजनीति, देशद्रोहिता, स्वार्थपरता, भेद-भाव, मूल्यहीनता, पतनशीलता तथा घोर अमानवीय एवं अलोकतांत्रिक प्रवृत्ति से; लेकिन इसपर भी कहीं-कहीं मानव-मुक्ति की किरण भविष्य की कल्पना में चमक जाती है। अभिमन्यु कल्पनाजीवी नहीं हैं और न दिवास्वप्न-प्रेमी; वह अपनी कहानियों में अपने देश की चिंता और नियति के सत्य को उद्घाटित करते हैं। वह किसी साहित्यिक 'माफिया' या 'दलित-स्त्री' विमर्श के बिना ही अपने समाज के पीड़ितों और शोषितों के साथ हैं।

इनका उत्थान ही उसके लिए देश का उत्थान है।

'बवंडर बाहर-भीतर' कहानी संग्रह में सत्रह कहानियाँ हैं, जिनमें चार लघुकथाएँ हैं। ये कहानियाँ मुख्यत: मॉरीशस की राजनीति, समाज, धर्म, संस्कृति आदि के जीवंत सत्यों का उद्घाटन करती हैं। मॉरीशस की स्वतंत्रता के बाद वहाँ के समाज में राजनेताओं का जो पतन हुआ है, तस्करी, भ्रष्टाचार और देशद्रोहिता जिस रूप में पनपी है, आदमी-आदमी के रिश्तों में जो गिरावट आई है, स्त्री के शोषण की जो परिस्थितियाँ बनी हुई हैं, नैतिकता एवं मानवीय रिश्ते जैसे खंडित हो रहे हैं, उन्हें लेखक ने सजीवता के साथ इन कहानियों में प्रस्तुत किया है। ये कहानियाँ ऐसे बवंडर को उजागर करती हैं जो मॉरीशस के जन-जीवन को अंदर-बाहर दोनों ओर से मथ रहा है।

मॉरीशस में लोकतंत्र लोक का नहीं, भ्रष्ट नेताओं का तंत्र हो गया है। चुनाव में दाँव-पेंच, जात-पाँत, झूठे आश्वासन आदि सभी वहाँ जड़ जमा रहे हैं। मंत्री बनने पर तस्करी और रिश्वत लेने में भय समाप्त हो रहा है। जनता ने गोरे मालिकों के अत्याचार सहन किए, अब अपने चुने नेताओं को सहन कर रही है। राजनीति में हिंसा तक घुस आई है। धर्म अब सांप्रदायिक दंगों में बदल रहा है। मनुष्य के आपसी रिश्ते विकृत हो रहे हैं। पति-पत्नी के रिश्तों में माँ, प्रेमी या प्रेमिका आकर विद्वेष, घृणा और टूटन पैदा कर रही हैं। स्त्री पुरुष के स्वार्थों की शिकार है तथा वह अपना स्वतंत्र मार्ग बना रही है, लेकिन वेश्यावृत्ति फैल रही है और विदेशी मॉरीशस की लड़कियों से शादी करके उन्हें अपने देश में वेश्या बना रहे हैं। वेश्यावृत्ति का ऐसा आलम है कि बच्चे भी दलाली में उतर रहे हैं। मॉरीशस का समाज ऐसे ही बाहर-भीतर के बवंडर में घिरा है। मानवीय पतन उसे चारों ओर से घेरे चले जा रहा है। मॉरीशस के इस समाज की यदि हम भारत से तुलना करें तो दोनों देशों की समस्याएँ एक जैसी प्रतीत होती हैं।

मेरा विश्वास है, ये कहानियाँ पाठक को आज के मॉरीशस का परिचय दे सकेंगी और अभिमन्यु की कहानी-यात्रा के इस मोड़ को भी जानने और समझने का मार्ग प्रशस्त करेंगी।

—कमल किशोर गोयनका

ए-९८, अशोक विहार
फेज प्रथम, दिल्ली-११००५२
१ जनवरी, २००२

अनुक्रम

अम्मा को

एकांकी क्रम

रेलवे प्लेटफॉर्म

स्थान : रेलवे स्टेशन

समय : ग्रीष्म ऋतु की एक रात

पात्र : सुरक्षा के लिए तैनात चार पुलिसकर्मी

भीड़ : इधर से उधर टहलते और प्लेटफॉर्म पर बिखरे हुए लोग। (प्लेटफॉर्म नंबर 4 पर रात के साढ़े दस बजे पुरुषोत्तम एक्सप्रेस छूटने ही वाली है। यात्री अपना-अपना स्थान पाने के लिए इधर-उधर भाग रहे हैं।)

[प्लेटफॉर्म पर हरदिन की चिरपरिचित आवाजें : चाय, चाय, गरम चाय, समोसा, पकौड़ा, पूरी, हलवा, बिस्कुट, आलू-छोला, पेप्सी-पेप्सी-पेप्सी। चीजें बेचनेवाले अपनी-अपनी खाद्य-सामग्री उठाए हुए एक-एक डिब्बे के सामने रुकते हुए और भीतर झाँकते हुए दिखाई देते हैं। चायवाला बाहर खड़ा होकर खिड़की से चाय के गिलास यात्रियों को पकड़ा रहा है। अन्य विक्रेता भी अपना-अपना सामान यात्रियों को बेचने और उनसे सामान की कीमत वसूलने में लगे हैं। प्लेटफॉर्म पर थोड़ी-थोड़ी दूरी पर ट्यूब लाइट के खंभे अपना प्रकाश बिखेर रहे हैं, किंतु उजाला मटमैला है। यात्रियों की भाग-दौड़ के बीच अनगिनत लोग प्लेटफॉर्म पर आड़े-तिरछे पड़े सो रहे हैं। कुछ अपने सामान के बीच बैठकर बतिया रहे हैं। कुछ ऊँघ रहे हैं। कुछ महिलाएँ तथा पुरुष प्लेटफॉर्म पर लगाई गई बैंचों

पर बैठे हैं। कुछ यात्रियों का सामान ढोने और उन्हें गाड़ी में स्थान दिलाने में व्यस्त हैं। माइक पर बार-बार उद्घोषक की आवाज गूँज रही है।]

उद्घोषक : यात्रीगण! कृपया ध्यान दें। नई दिल्ली से पुरी के लिए जाने वाली गाड़ी पुरुषोत्तम एक्सप्रेस कुछ ही देर में प्लेटफॉर्म नंबर चार से प्रस्थान करने वाली है। जिन यात्रियों को उक्त गाड़ी से यात्रा करनी हो, वे प्लेटफॉर्म नंबर चार पर पहुँच जाएँ।

[आवाज के साथ ही प्लेटफॉर्म पर उपस्थित नए यात्रियों में खलबली मच जाती है। गाड़ी की तेज सीटी गूँजती है और पुरुषोत्तम एक्सप्रेस पहले धीरे-धीरे और फिर तेजी से प्लेटफॉर्म छोड़ती दिखाई देती है। गाड़ी के जाने के बाद प्लेटफॉर्म पर एक अजीब सा सन्नाटा छा जाता है। कमर के पीछे बेल्ट में डंडा फँसाए सिपाही जुगाड़ी सिंह अपने तीन अन्य साथियों- सुखपाल, शेर खाँ और कंदूरीलाल को संबोधित करता है।]

जुगाड़ी सिंह : चलो यार! इस बक-बक, झक-झक से पीछा छूटा कुछ देर के लिए। जान आफत में आ जाती है ससुरी।

कंदूरीलाल : भाई बात तो तू ठीक कह रहा है। जब तक गाड़ी पीच्छा न छोड़े, चिंता तो बनी ही रहवे है। किसी की जेब कटे है, किसी का सामान चोरी होवे है, कोई चलती गाड़ी में चढ़ते समय हाथ-पाँव कटवा बैठे है, कोई औरताँ-लुगाइयाँ से छेड़छाड़ करके टंटा खड़ा करे है। जब तक गाड़ी सरके ना, अपन को तो भैया, चैन मिले ना।

सुखपाल : ना जी, ना! गाड़ी छुटने पर ही कौनसी मुक्ति मिले है हमें! देख नई रए हो, इधर-से-उधर तक सारे-के-सारे प्लेटफारम पर लोग-बाग पड़े हैं, केल्लों के छिलकों की तरयाँ।

शेर खाँ : *(अपने साथी सिपाहियों के साथ धीमे-धीरे कदमों से टहलते हुए)* पर अब कुछ देर तो थोड़ा-बहुत चैन रहेगा ही, प्लेटफारम पर।

जुगाड़ी सिंह : छः बजे छूटेगी हिमालियन क्वीन, जो यहीं से बनकर चलती है। इस बीच एक-दो गड्डी या मालगड्डी इधर से गुजरेगी; पर उसमें कोई झंझट नहीं है।

कंदूरीलाल : अरे यार! अब रात के ग्यारह बज रहे हैं, चलो, कहीं पेट-पूजा कर लें। शांति के जो क्षण मिले हैं, उनका कुछ उपयोग तो कर लें।

सुखपाल : अब शांति-वांती कुछ नहीं, यार! यह तो ऐसी ही अस्थायी है, जैसे स्टेशन से बाहर। हर शहर, नगर, कस्बे में बम फटा, मार-धाड़ हुई, दंगा-फसाद हुआ, दस-बीस मरे। कुछ समय के लिए हालत शांत हो गई, लेकिन फिर वही उथल-पुथल, फिर वही मारा-मारी, फिर वही छीना-झपटी। मुझे तो यह सारा देश ही रेलवे प्लेटफारम जैसा लगता है, यार।

शेर खाँ : *(कंदूरी के सामने आकर खड़ा हो जाता है)* क्यों रे कंदूरी, तू तो पूरा प्रोफैस्सर बन रहा है आज।

जुगाड़ी सिंह : प्रोफैस्सर नहीं, प्रोफैस्सर का बाप, पर बात वह लगभग ठीक कह रिया है।

[चारों सिपाही एक खोमचे वाले के सामने आकर रुक जाते हैं। ठेले पर कोयले की अँगीठी पर अल्यूमीनियम का बड़ा सा भगौना रखा है। उस पर आलू-छोले गरम हो रहे हैं। ठेले के दाईं ओर पूरियों की तह लगी हैं। चारों सिपाही ललचाई दृष्टि से खोमचे की ओर देखते हैं। कंदूरीलाल प्लेटफॉर्म को एक छोर से दूसरे छोर तक देखता है।]

कंदूरीलाल : भाई शेर खाँ! समझ में नहीं आता यार, यह क्या माजरा है? इतने सारे लोग गाड़ी में भुस्से की तरह भरकर जा भी चुके, फिर भी उनसे तिगुने लोग प्लेटफारम पर पड़े हैं।

जुगाड़ी सिंह : *(शेर खाँ के स्थान पर स्वयं उसके प्रश्न का उत्तर देते हुए)* भैया कंदूरी, तू नया-नया आया है प्लेटफारम पर, और रात की ड्यूटी पर। खेला-खाया होता तो तुझे सारे माजरे का पता होता।

मुझे तो यह सारा देश ही रेलवे प्लेटफारम जैसा लगता है।

सुखपाल : तू ठीक कह रहा है, जुगाड़ी! इस बच्चू को लग रहा है कि प्लेटफारम पर सारे-के-सारे यात्री पड़े हैं। तुझे नईं पता मुन्ना, कि इनमें पिछत्तर फीसदी लोग यात्री नहीं हैं।

कंदूरीलाल : *(आश्चर्य से)* यात्री नहीं हैं तो फिर कौन हैं?

जुगाड़ी सिंह : *(हँसकर)* अबे मुन्नालाल, ये तो वे हैं, जिन्होंने अपने जीवन में कभी यात्रा की ही नहीं। ये तो प्लेटफारम पर रात गुजारने आते हैं, सोने आते हैं यहाँ, क्योंकि इनके पास सोने की कोई और जगह नहीं है।

कंदूरीलाल : तो क्या, ये सारे ही लोग ऐसे हैं– बेघर, बेठिकाना!

शेर खाँ : सारे नहीं तो ज्यादातर। फिर कुछ उचक्के हैं, कुछ जेबकतरे हैं, कुछ नशीले पदार्थ बेचनेवाले हैं, कुछ दलाल हैं। भलेमानुस यात्री तो थोड़े ही होंगे इनमें।

सुखपाल : *(हाथ से शेर खाँ की कमर ठोंकते हुए)* वाह खान भैया, वाह! क्या बढ़िया नक्शा खींचा है तुमने रेलवे प्लेटफारम का! बाहर जो समाज है, उसकी एक छोटी सी बानगी समझो इसे।

[सुखपाल की टिप्पणी पर तीनों सिपाही जोर का ठहाका लगाते हैं। सिपाहियों की दाईं ओर खोमचेवाला है और बाईं ओर एक महिला दो पुरुषों के बीच फर्श पर लेटी ऊँघ रही है। कैमरा अब सीधे खोमचेवाले पर केंद्रित हो जाता है।]

जुगाड़ी सिंह : क्यों रे भिक्कू! कुछ खिलाएगा-पिलाएगा या यूँ ही खड़ा होकर मुँह देखता रहेगा हमारा!

भिक्कू : बोलो माईबाप, क्या दूँ!

जुगाड़ी सिंह : अबे, और क्या देगा ...! चारों को आठ-आठ पूरी और एक-एक पत्तल आलू-छोला दे।

[कैमरे की रोशनी में भिक्कू के चेहरे पर परेशानी के चिह्न साफ दिखाई देते हैं। वह हाथ की पंखी से जल्दी-जल्दी अँगीठी के कोयलों को हवा देने लगता है।]

ला, जल्दी दे गरम–गरम पूड़ी।

भिक्कू : आप तो जानते ही हो, दीवान जी! अब तो टेशन पर धंधा करना भूखों मरने के बराबर हो गया है जी।

शेर खाँ : अबे! बात ना बना ज्यादे।

भिक्कू : बात ना बना रिया हूँ खाँ सा'ब जी। टेसन का प्लेटफारम तो कमीसन का प्लेटफारम हो गया है अब! अफसर को कमीसन दो, ठेकेदार को कमीसन दो। किसी एक को देना हो तो बताऊँ। बच्चों का पेट पालना मुस्किल हो रिया है अब।

जुगाड़ी सिंह : *(डंडा घुमाते हुए)* अबे, बच्चों का पेट पालना बाद में, पहले हमारा पेट पाल। हम भी तो तेरे बच्चे ही हैं, नहीं तो ले जाएगा कोई किडनैप करके।

सुखपाल : ला, जल्दी दे गरम-गरम पूड़ी!

[भिक्कू एक-एक प्लेट में पूरी और आलू-छोले रखकर चारों सिपाहियों के सामने बढ़ा देता है। चारों सिपाही पूरियों के बड़े-बड़े कौर जल्दी-जल्दी गले से नीचे उतारते हैं। जुगाड़ी सिंह खाते-खाते भिक्कू को संबोधित करता है।]

जुगाड़ी सिंह : अबे! हम तो तेरा इतना ध्यान रखते हैं भिक्कू, फँसने नहीं देते तुझे किसी मामले में और हमीं से आना-कानी कर रहा है दो पैसे की पूरी देने में।

भिक्कू : *(जुगाड़ी सिंह का वाक्य दोहराता है)* दो पैसे की?

जुगाड़ी सिंह : और नहीं तो क्या! इन ससुरियों में है क्या? मैदे में खड़िया-मिट्टी मिली है, चनों में धतूरे के बीज मिले हैं, शिकायत कर दें रेलवे के अधिकारी से तो उलटा टँगने में देर नहीं लगेगी, बेटे।

[चारों सिपाही भोजन लेकर एक-एक गिलास पानी पीते हैं। हथेलियों से मुँह साफ करते हैं और फिर गीली हथेलियाँ अपनी पतलूनों से पोंछ लेते हैं।]

भिक्कू : चालीस रुपए हुए जी, चारों जनों के।

[उसी समय प्लेटफॉर्म के एक अँधेरे भाग से शोर सुनाई देता

है। 'पकड़ो-पकड़ो', 'चोर है' 'चोर है।' चारों सिपाही भिक्कू की परवाह न करते हुए शोर की तरफ लपकने लगते हैं और भागते हुए एक युवक को दौड़कर पकड़ लेते हैं। भिक्कू भोजन के पैसे न देने वाले सिपाहियों को देखता रह जाता है।]

शेर खाँ : *(पकड़े गए नौजवान का हाथ थामे हुए उसे घटना-स्थल की तरफ घसीट रहा है।)* क्यों रे! यही है वह, जो तुम्हारा सामान चोरी करके भाग रहा था?

व्यक्ति : हाँ दीवान जी! यही है ...।

जुगाड़ी सिंह : बता, क्या किया है इसने?

व्यक्ति : जी ... जी ... वह ऐसा हुआ। मेरी आँखें लग गईं और यह मेरी पिछली पॉकेट से मेरा पर्स निकालकर चलता बना।

जुगाड़ी सिंह : क्यों रे! यह ठीक कह रहा है क्या? पाकेटमार है!

[जुगाड़ी सिंह नौजवान को खींचकर एक तरफ ले जाता है।]

शेर खाँ : मुर्गा बनाओ ... को ... डंडा सरकाओ ... के।

सुखपाल : *(युवक की पीठ पर दो डंडे मारते हुए)* आ जाते हैं ... प्लेटफारम पर पाकेट मारने।

कंदूरीलाल : *(युवक के साथ आए पीड़ित व्यक्ति को धक्का देते हुए)* क्यों रे! तू क्या अपनी ऐसी-तैसी कराने आया है यहाँ? जा बैठ अपने ठिकाने पर।

शेर खाँ : हाँ रे, चल यहाँ से? एकांत में पूछताछ करने दे हमें।

सुखपाल : *(पीड़ित व्यक्ति को धक्का देते हुए)* फूटता है कि नहीं यहाँ से; या तेरा भी बनाएँ मुर्गा।

[पीड़ित व्यक्ति अपने स्थान पर चला जाता है।]

जुगाड़ी सिंह : ला बे ..., निकाल उसका पर्स?

युवक : नहीं दीवान जी, मैंने पर्स नहीं लिया, वह झूठ बोल रहा है।

[शेर खाँ युवक के मुँह पर तीन-चार तमाचे जड़ता है।]

शेर खाँ : सीधा हो जा, नहीं तो एक मिनट में सारे बल निकाल देंगे तेरे।

[जुगाड़ी सिंह डंडे से युवक को धुनने लगता है।]

युवक : *(अंटी से पर्स निकालते हुए)* राम कसम दीवान जी, यह पर्स उसका नहीं, मेरा है। वह झूठ बोल रहा है।

शेर खाँ : अबे! वह भला झूठ क्यों बोलेगा, बेकार में?

[जुगाड़ी सिंह पर्स लेकर उसमें से नोट निकालता है। एक-एक करके गिनता है। पूरे बारह सौ रुपए हैं। रुपए गिनकर जुगाड़ी सिंह पर्स अपनी जेब में रख लेता है और युवक को डाँटते हुए कहता है।]

जुगाड़ी सिंह : जा बे, भाग यहाँ से ...। नहीं तो मार-मारकर चटनी बना देंगे तेरी।

[युवक भागता हुआ प्लेटफॉर्म से गायब हो जाता है। चारों सिपाही पीड़ित व्यक्ति के पास फर्श पर डंडा खड़खड़ाते हुए आते हैं।]

सुखपाल : हाँ रे, क्या नाम है तेरा!

व्यक्ति : मेरा नाम रतनलाल है जी।

जुगाड़ी सिंह : रतनलाल हो या कफनलाल, यह बता कि तुझे जाना कहाँ है?

रतनलाल : *(हकलाता है)* मुझे, जी वह मुझे ... ।

जुगाड़ी सिंह : *(डाँटकर)* अबे क्या मुझे-मुझे कर रहा है? जल्दी बोल, कहाँ जाना है तुझे?

रतनलाल : मुझे अहमदनगर जाना है जी।

जुगाड़ी सिंह : दिखा, टिकट कहाँ है?

रतनलाल : टिकट तो अभी नहीं लिया है, दीवान जी?

शेर खाँ : अबे, टिकट नहीं लिया तो प्लेटफारम के भीतर कैसे घुस आया?

रतनलाल : वह जी, टिकट तो गाड़ी आने से पहले लेने की सोची थी मैंने।

शेर खाँ : तो दिखा टिकिट!

रतनलाल : *(झिझकते हुए)* वह भी नहीं लिया है जी।

जुगाड़ी सिंह : टिकट नहीं लिया है, तो ला प्लेटफारम टिकट दिखा।

शेर खाँ चरस की पुड़िया अपने साथी सिपाही को दिखाता है।

शेर खाँ : अबे! यात्री टिकट नहीं है, प्लेटफारम टिकट नहीं है तो तू यहाँ घुस कैसे आया?

[रतनलाल सिपाही के सवाल का कोई संतोषजनक उत्तर नहीं देता है।]

जुगाड़ी सिंह : बेटिकट यात्रा करने की जुगाड़ में होगा! पकड़ा गया तो आएँ-बाएँ कर रहा है।

सुखलाल : दो झापड़ लगाओ ··· के।

[जुगाड़ी सिंह पकड़े गए रतनलाल को झापड़ लगाता है और धक्के देकर उसे प्लेटफॉर्म से भाग जाने के लिए कहता है, किंतु शेर खाँ उसे रोकता है।]

शेर खाँ : यूँ ही छुट्टा मत जाने दो, जुगाड़ी भाई। पहले इस ससुर की झाड़ा-तलाशी ले लो। क्या पता, अवैध हथियार छुपाए हुए हो तगड़ी में।

जुगाड़ी सिंह : बात तो तुम ठीक कहते हो, शेर खाँ! *(रतनलाल को संबोधित करते हुए)* ला बे, झाड़ा दे।

[सुखपाल रतनलाल की जेबें, तगड़ी आदि टटोलकर देखता है। कमीज की जेब से पचास रुपए का नोट मिलता है। सिपाही तलाशी में निकला नोट जुगाड़ी सिंह की ओर बढ़ा देता है।]

सुखपाल : लो उस्ताद, जमा में डाल दो यह भी।

जुगाड़ी सिंह : *(नोट अपनी जेब में रखते हुए)* इसका चालान करो चरस रखने के अपराध में।

शेर खाँ : बिलकुल, बिलकुल। ले चलो थाने। यह देखो चरस की पुड़िया बरामद हो गई है इससे।

[शेर खाँ चरस की पुड़िया अपने साथी सिपाही को दिखाता है।]

रतनलाल : *(शेर खाँ से)* पर आपने तो गजब कर दिया, दीवान जी। जो उचक्का मेरा पर्स ले भागा, उसे पकड़कर छोड़ दिया। मेरे पास जो बची-खुची पूँजी थी, वह भी छीन ली और उलटा

चरस रखने के जुर्म में फँसाए दे रहो हो, मुझे।

जुगाड़ी सिंह : *(ठहाका लगाते हुए)* झूठ बोलता है ... तेरी जेब नहीं मारी थी उसने। तू झूठा आरोप लगा रहा था उस पर।

सुखपाल : पहले यह बता कि तू यात्री टिकट या प्लेटफारम टिकट लिये बिना स्टेशन के भीतर कैसे घुसा? कानून पता है तुझे?

रतनलाल : *(घिघियाते हुए)* इतनी तगड़ी सजा मत दो, दीवानजी! मेरे पास तो अब कानी कौड़ी भी नहीं रही। भिखारी समझकर ही कुछ दे दो, माई-बाप।

जुगाड़ी सिंह : बकवास बंद कर बे! अपराध करता है और फिर हेकड़ी दिखाता है। *(शेर खाँ की ओर इशारा करते हुए)* दो डंडे मारकर हाँक दो ... को बाहर।

[शेर खाँ डंडे मारकर रतनलाल को बाहर खदेड़ देता है। चारों सिपाही पुनः प्लेटफॉर्म का राउंड लेने में व्यस्त हो जाते हैं।]

कंदूरीलाल : रात का एक बज गया है जुगाड़ी भाई! अब थोड़ा आराम कर लो ना! हिमालियन क्वीन आएगी तो फिर भाग-दौड़ करनी पड़ेगी।

शेर खाँ : पर भाग-दौड़ के बिना जीवन नहीं चलता है यार! दिल्ली में रहकर भाड़ झोंका तो क्या तीर मारा!

कंदूरीलाल : यार वह देखो, उधर प्लेटफारम के अंतिम छोर पर कुछ परछाइयाँ-सी दिखाई दे रही हैं।

शेर खाँ : अरे, धंधा चल रहा होगा यार, धंधा।

कंदूरीलाल : *(आश्चर्य से)* धंधा, कैसा धंधा!

जुगाड़ी सिंह : चल, दिखाते हैं तुझे। बढ़िया धंधा है यह भी।

[चारों सिपाही उन परछाइयों के निकट तक पहुँचते हैं। कैमरा परछाइयों पर इस प्रकार केंद्रित होता है कि सभी चेहरे अस्पष्ट दिखाई देते हैं।]

जुगाड़ी सिंह : *(एक महिला को धमकाते हुए)* क्यों री छोकरी! क्या हो रहा है इधर?

[सिपाहियों को देखते ही दो युवक तेज कदमों से लाइन पार करने लगते हैं। शेर खाँ और सुखपाल झपटकर दोनों युवकों को थाम लेते हैं।]

सुखपाल : पिल्लो! जा किधर रहे हो इसे छोड़कर।

एक युवक : वह हमारे साथ नहीं है जी।

शेर खाँ : *(क्रोध भरे स्वर में)* तेरे साथ नहीं है तो क्या तेरे बाप के साथ है?

[सिपाही शेर खाँ जोर का एक चाँटा युवक के गाल पर जड़ देता है और खींचकर दोनों को उसी स्थान पर ले आता है, जहाँ युवती और दो सिपाही खड़े हैं।]

जुगाड़ी सिंह : क्यों री छोकरी, तू क्यों पड़ी थी यहाँ इन लफंगों के साथ!

युवती : *(अदा के साथ मुसकराते हुए)* आप तो सब जानते ही हो दीवान जी! कोई नए तो नहीं हो तुम!

जुगाड़ी सिंह : *(एक आँख मारकर)* अरी छम्मकछल्लो! हम नए नहीं, तू नई नहीं, पर ये छोकरे तो नए हैं ना। नए नहीं होते तो यूँ छोड़कर भागते नहीं तुझे।

युवती : सीखते-सीखते सब सीख जाएँगे जी।

शेर खाँ : कहाँ के लिए लिवाकर लाए थे तुझे ये?

युवती : *(शरारत से एक आँख दबाकर)* अब यह पूछकर क्या करोगे दीवान जी। *(फिर दोनों युवकों को संबोधित करते हुए)* अरे! हक-पानी दो, दीवान जी का।

[दोनों युवक अपनी-अपनी जेब से कुछ नोट निकालकर जुगाड़ी सिंह की मुट्ठी में ठूँस देते हैं। सिपाही लौटते हैं और प्लेटफॉर्म पर फिर परछाइयाँ जैसे चेहरे रह जाते हैं।]

कंदूरीलाल : सारा खेल खत्म हो गया या और कुछ बाकी है अभी!

शेर खाँ : खेल अभी कहाँ खत्म हुआ है। यह तो चलते ही रहना है, जब तक जीवन है।

सुखपाल : *(जुगाड़ी सिंह से)* अच्छा प्यारे! अब बँटवारा तो कर लो

आज की कमाई का।

जुगाड़ी सिंह : *(जेब से नोट निकालता है और सबको बराबर-बराबर बाँटता है)* नोट की ही माया है, बाकी तो सारा खोट ही खोट है।

शेर खाँ : बिलकुल, बिलकुल उस्ताद! बिलकुल ठीक!

[चारों सिपाही प्लेटफॉर्म पर एक बार फिर राउंड लेते हैं। पूरे प्लेटफॉर्म पर कहीं हलकी और कहीं तेज रोशनी फैली हुई है। कंदूरीलाल चलते-चलते जुगाड़ी सिंह से पूछता है।]

कंदूरीलाल : भाई, राउंड पूरा हुआ या अभी कुछ और बाकी है!

जुगाड़ी सिंह : अरे भैया, संसार में कभी कोई चीज पूरी नहीं होती। पूरा होकर भी शेष बच रहता है कुछ-न-कुछ। उधर देखो, प्लेटफॉर्म के नीचे क्या हो रहा है?

[सिपाही किए गए संकेत की तरफ आँखें उठाकर देखते हैं। दो स्थानों पर फिर कुछ धुँधले-धुँधले चेहरे दिखाई देते हैं।]

सुखलाल : आओ, उधर चलते हैं। देखते हैं कि क्या हो रहा है वहाँ?

जुगाड़ी सिंह : देखना क्या है यार, तुम्हें भी पता है और हमें भी। हम सब जानते हैं कि कहाँ क्या हो रहा है? यह कंदूरीलाल नया है, चलो, इसे दिखाते हैं।

[प्लेटफॉर्म के अंतिम छोर के नीचे दो टोलियाँ अलग-अलग स्थानों पर बैठी हैं। एक टोली सुलफे का दम लगाकर मस्त हो रही है और दूसरी टोली ताश के पत्तों से जुआ खेलने में मस्त है। सिपाही दोनों टोलियों के बीच में जाकर खड़े हो जाते हैं।]

जुगाड़ी सिंह : *(जुआ खेलनेवालों से)* क्यों रे! भाग रहे हो यहाँ से या करूँ तुम्हें हवालात में बंद!

एक जुआरी : लात और हवालात की बात छोड़ो दीवान जी। तुम्हारा कोई हफ्ता तो रुका नहीं है आज तक। हफ्ता रुकेगा तो लात और हवालात की बात करना।

[जुआरी जुगाड़ी सिंह की ओर देखे बगैर उत्तर देता है और फिर पत्ते फेंकने में व्यस्त हो जाता है। चारों सिपाही जुआरियों

की तरफ से पीठ मोड़ लेते हैं। अब उनके सामने सुलफे का आनंद लेनेवाली टोली का दृश्य है।]

जुगाड़ी सिंह : अरे, क्या हो रहा है रे!

एक व्यक्ति : *(सिर ऊपर उठाए बिना)* वही हो रहा है, जो सारे देश में हो रहा है। देखो और मस्त रहो। *(झूमते हुए और सिगरेट जुगाड़ी सिंह को दिखाते हुए)* यह चीज बड़ी है मस्त-मस्त।

शेर खाँ : अबे क्या चीज बड़ी है मस्त-मस्त, ला इधर दिखा।

[एक व्यक्ति सुलफा भरी सिगरेट जुगाड़ी सिंह की ओर बढ़ाता है। चारों सिपाही पास-पास बैठ जाते हैं। चारों को एक-एक सिगरेट दे दी जाती है।]

वही व्यक्ति : लो जी, पिओ और मस्त हो जाओ।

[सिपाही सुलफे का लंबा कश लेते हैं।]

जुगाड़ी सिंह : वाह यार, वाह! क्या मजा है। खाओ, पियो और मस्त रहो।

सुखपाल : लेकिन यार, मजा तब है, जब मुफ्त मिले।

[चारों सिपाही सुलफे के नशे में मस्त हो जाते हैं। शेर खाँ नशे की हालत में गाता है]

शेर खाँ : सारे जहाँ से अच्छा हिंदोस्ताँ हमारा।

सुखपाल : अबे, क्या हिंदोस्ताँ-हिंदोस्ताँ लगा रखी है, चुप रह!

कंदूरीलाल : *(जुगाड़ी सिंह का कंधा हिलाते हुए)* अब उठ चलो यहाँ से, हिमालियन क्वीन आनेवाली होगी। ड्यूटी देनी है, चलो, चलो।

[चारों सिपाही प्लेटफॉर्म की तरफ झूमते हुए चल देते हैं।]

जुगाड़ी सिंह : *(कंदूरीलाल से)* क्यों कंदूरीलाल! तुम तो आज ड्यूटी पर नए-नए आए हो। क्या देखा तुमने प्लेटफारम पर?

कंदूरीलाल : भारत का पॉकेट एडीशन, भारत की बदलती पोजीशन।

[चारों हँसते हैं।]

(समाप्त)

फुटपाथ पर ठेला लगाए एक व्यक्ति भुने हुए चने और मूँगफली बेच रहा है।

छुट्टा नहीं है

पात्र-परिचय

पति-पत्नी : मंगलसेन, रामकली
पति-पत्नी : कुलवंत सिंह, राजरानी
अन्य पात्र : सुमित्रा, नरेश शर्मा, हरचरण चावला,
चंद्रसेन,
दसवर्षीय बालक चुन्नू
रिक्शावाले आदि।

[शहर के एक चहल-पहल से भरे मुहल्ले में शाम के समय एक रिक्शा आकर रुकता है। रिक्शा से मंगलसेन नामक व्यक्ति नीचे उतरता है। सड़क पर आने-जाने वालों की भीड़ आ रही है। अगल-बगल आटे-दाल और पान-बीड़ी आदि की दुकानें हैं। सड़क के सामनेवाले फुटपाथ पर ठेला लगाए एक व्यक्ति भुने हुए चने और मूँगफली बेच रहा है। रुक-रुककर मूँगफली वाले की आवाज वातावरण में गूँज रही है।]

ठेलेवाला : चना जोर गरम ... चना जोर गरम। मूँगफली, करारी मूँगफली।

[भीड़ के आवागमन और चना जोर गरम की आवाजों के बीच मंगलसेन रिक्शा से उतरकर पाँच रुपए का नोट रिक्शावाले की ओर बढ़ाता है।]

मंगलसेन : ला भाई, फटाफट, एक रुपया वापस दे।

रिक्शावाला : *(पाँच रुपए का नोट मुट्ठी में थामते हुए)* छुट्टा तो अपने कने है ना बाबूजी। चार रुपैया के खुले नोट देई दो।

मंगलसेन : झूठ बोलता है! धंधा बना रखा है तुम लोगों ने। होते-सहाते बोल देते हो कि छुट्टा नहीं है, रुपया मारने के चक्कर में।

रिक्शावाला : गाली तो मत दो बाबू। इज्जत तो हम भी रखे हैं। छोटी जाति के हैं, पर इज्जत में कम नई हैं थारे से।

मंगलसेन : बड़ी इज्जतवाला है तो ला रुपया, वापस कर।

रिक्शावाला : नहीं है बाबूजी, नहीं है। भगवान कसम। विश्वास ना हो तो झाड़ा ले लो मेरा।

मंगलसेन : झाड़ा-वाड़ा कुछ नहीं। जा, सामने की किसी दुकान से तुड़ा ला।

[रिक्शावाला पहले आस-पास की दुकानों पर, फिर चने-मूँगफली वाले के ठेले पर पाँच का नोट भुनाने की कोशिश करता दिखाई देता है।]

दुकानदार-1 : अबे मूरख! खली में तेल ढूँढ़ रहा है! चल, भाग यहाँ से।

दुकानदार-2 : छुट्टा नहीं है रे! छुट्टा होता तो ग्राहकों से लट्ठम-लट्ठा ही क्यों होती दिन-भर! चल फूट यहाँ से।

ठेलेवाला : हाँ, बोल, कितने के दूँ चने!

रिक्शावाला : चने नहीं चाहिए भैया, छुट्टा चाहिए पाँच रुपैया का।

ठेलेवाला : अबे, दिमाग चल गया तेरा। चने भुनाने के बदले नोट भुनाने चला है पगले।

[रिक्शावाला निराश वापस आता है।]

मंगलसेन : क्यों रे, क्या भुना नहीं नोट?

रिक्शावाला : नहीं शाब! छुट्टा नहीं देता है कोई। काल पड़ गया है छोटी जाति के सिक्कों का।

मंगलसेन : *(ऊँची आवाज में)* कहीं से ला। रुपया ले के दे। जानबूझ कर यही चक्कर चला रखा है तुमने फालतू में, एक रुपया

मारने के चक्कर में।

रिक्शावाला : *(मंगलसेन से भी ऊँची आवाज में)* ऐसा मत बोलो बाबू, बेईमान नहीं हैं हम।

(दोनों की तकरार सुनकर आते-जाते लोग रुक जाते हैं।)

पहला व्यक्ति : क्या हुआ भाई? क्यों झगड़ रहे हो तुम लोग?

मंगलसेन : पाँच के नोट से एक रुपया वापस नहीं कर रहा है यह।

रिक्शावाला : मेरे पास छुट्टा नहीं शाब। आसपास का दुकानवाला नोट भुना नहीं रहा। बताओ जी, मैं कहाँ से लाऊँ रुपैया!

दूसरा व्यक्ति : सच बात तो यह है बाबू, खता इस बेचारे रिक्शावाले की भी नहीं है, छोटी जाति के सिक्कों का तो कुछ काल ही पड़ गया है बाजार में। रुपए-दो रुपए के सिक्के गायब हो रहे हैं।

मंगलसेन : पर ये लोग जान-बूझकर छोटे सिक्कों के इस अभाव का अनुचित लाभ उठा रहे हैं।

तीसरा व्यक्ति : यह तो बाजार की व्यवस्था का खुला सिद्धांत है जी। जिन वस्तुओं का अभाव होता है, धंधा करनेवाले उनका अनुचित लाभ उठाते ही हैं। छोटे सिक्के नहीं हैं तो खूब चाँदी कट रही है लोगों की।

रिक्शावाला : नईं बाबू! छुट्टा होता तो मैं तुरत दैई देता। बेइमान नईं हूँ जी मैं *(मंगलसेन से)* बाबू, थारा तो रोज का ही आना-जाना लगा रहवे है, अगली बार लगा लीजो रुपैया।

मंगलसेन : नहीं, नहीं, अभी ला। कहीं से ला। लाकर दे।

रिक्शावाला : अभी तो नहीं है। कल को कहीं आते-जाते मिलोगे तो मैं अपने-आप ही चुकता कर दूँगा थारा रुपैया!

कई व्यक्ति : *(एक साथ)* चलो, छोड़ो बाबू। कल को ले लेना इससे एक रुपया।

मंगलसेन : *(रिक्शावाले से)* बोल बे, क्या नाम है तेरा?

रिक्शावाला : नाम से क्या लेना है? मैं रिक्शावाला, तुम सवारी। हुलिए से पिछान लो मुझे। जहाँ मिलूँ, पकड़ लीजो हाथ।

तुमने तो रोज-रोज का यही लफड़ा लगा रखा है जी।

कई व्यक्ति : छोड़ो जी, छोड़ो। करो किस्सा खत्म।

[रिक्शावाला पाँच का नोट अंटी में ठूँसता हुआ अपनी रिक्शा भगा ले जाता है। मंगलसेन घर में प्रवेश करते हैं। उनके घुसते ही पत्नी प्रश्न कर देती है।]

रामकली : अजी, क्या हुआ चुन्नू के बापू! किससे तू-तड़ाक कर रहे थे?

मंगलसेन : अरी, वह रिक्शावाला मार ले गया एक रुपया! पाँच का नोट दिया, बोला छुट्टा नहीं है जी। भारी तू-तू मैं-मैं के बाद भी ससुरा ले ही मरा एक रुपया।

रामकली : *(गुस्से में)* तुमने तो रोज-रोज का यही लफड़ा लगा रखा है जी। किसी पे एक रुपया छोड़ आओ हो, किसी पे दो रुपया, किसी पे पचास पैसे का सिक्का छोड़ आओ हो तो किसी पर तीन रुपया। ऐसे नहीं चलेगी गृहस्थी। सुन लो कान खोल के।

मंगलसेन : कोई मैं जान-बूझकर छोड़ आता हूँ अपनी गाढ़ी मेहनत का पैसा? जब छोटी जाति के सिक्के हैं ही नहीं बाजार में, तो क्या करूँगा मैं और क्या करेगी तू?

रामकली : जरा इस हफ्ते का हिसाब लगाकर देखो। आज एक रुपया छोड़ा रिक्शावाले के पास, कल दो रुपए छोड़ आए थे पंसारी के पास। परसों पचास पैसे का सिक्का छोड़ आए थे गुटकेवाले के पास। परसों से एक दिन पहले दो रुपए छोड़ आए थे फलवाले के पास। पूरे हफ्ते का हिसाब लगाओ तो कुल मिलाकर दस रुपए से कुछ अधिक बैठेंगे, जो तुमने लुटा दिए मुफ्ता-मुफ्ती। रेत का थूका, पाप न पुन।

मंगलसेन : *(पत्नी को डाँटते हुए)* अरी, तू ही कौन सी आठों-गाँठ चौकन्नी है। कल तू भी दो रुपए की चोट नहीं खा के आई थी, सब्जी मंडी से।

रामकली : *(चिढ़ते हुए)* अब ज्यादा बात न बनाओ। तुम तो अपना पैसा पराए हाथ में छोड़कर आ जाओ हो चुपचाप। मैं वसूल

तो लाती हूँ कुछ-न-कुछ।

मंगलसैन : क्या खाक वसूल कर लाती है कुछ-न-कुछ! कल सब्जी मंडी गई थी, पचास रुपए का करारा-करारा नोट लेकर। हिसाब पूछा तो बोली, पंद्रह रुपए की लौकी, बीस रुपए का प्याज, दस रुपए की भिंडी, तीन रुपए का अदरक, कुल जोड़ हुआ अड़तालीस। दो रुपए गायब।

रामकली : *(झुँझलाकर)* झूठ मत बोलो। गायब कहाँ हुए रुपए! सब्जी वाले के पास छुट्टा नहीं था तो मैं फ्री में छोड़ तो आई नहीं अपने दो रुपए; और कुछ नहीं तो झड़बेरी के बेर ही ले आई दो रुपए के।

मंगलसेन : अरी पगली, लाई तो बिना जरूरत ही। और ऐसे खराब कि न निगले बने, न उगले बने। दो रुपए छोड़कर एहसान कर देती सब्जीवाले पर। सड़े-गले बेर लाने से तो अच्छा था।

रामकली : अब ज्यादा बढ़-चढ़कर बात न करो जी। तुम महाराज होगे अपने घर में, मैं नहीं हूँ।

[पति-पत्नी में नोक-झोंक चल रही थी तभी द्वार पर दस्तक हुई। दस वर्ष का चुन्नू भागा-भागा द्वार पर जाता है और वापस आकर बताता है।]

: आंटी और कुलवंत अंकल आए हैं, बाबूजी।

मंगलसेन : *(बेटे से)* बुला लाओ, बेटे।

[कुलवंत सिंह और उनकी पत्नी राजरानी घर में प्रवेश करते हैं। रामकली दोनों को अपने छोटे से ड्राइंग-रूम में बैठाती है। चारों आमने-सामने बैठ जाते हैं।]

कुलवंत सिंह : क्या बात है बाबू मंगलसेन! चेहरे से आज कुछ नॉर्मल से दिखाई नहीं दे रहे हो! भाभी ने कनपकड़ी कर दी है क्या?

मंगलसेन : अरे यार! कनपकड़ी कोई एक दिन की थोड़े ही है। यह तो रोज-रोज की है। ब्याह क्या किया, हम तो कनपकड़ी भेड़ बनकर रह गए हैं।

रामकली : भेड़ तो हम हैं जी। यह तो भेड़िया है, भेड़िया!

मंगलसेन : यह तुम क्या कह रही हो! यह तो पुरानी कहावत है, खावे न खावे, नाम भेड़िए का।

राजरानी : पर कुछ पता भी चले, तकरार क्यों हो रही है तुम लोगों में?

रामकली : तकरार का कारण यह है बहन, यह राजा हरिश्चंद्र के सुपुत्र, हमारे पतिदेव, गुटकेवाले के पास पचास पैसे छोड़ आते हैं, कभी फलवाले के पास दो रुपए छोड़ आते हैं, कभी चने-मूँगफलीवाले के पास पचास पैसे छोड़ आते हैं। पूरे महीने का हिसाब जोड़ो तो सत्तर-पिछत्तर रुपए से कम नहीं बैठेंगे, जो निकल जाते हैं हराम के रस्ते।

कुलवंत सिंह : मंगल बेचारा भी क्या करे, भाभी! छोटी जाति के सिक्कों का अकाल पड़ गया है बाजार में। मिलते ही नहीं हैं किसी भाव। *(अपनी पत्नी की ओर संकेत करते हुए)* राजरानी का भी मुझसे रोज यही टंटा रहता है।

राजरानी : टंटा क्यों न रहे, घर का बजट तो हमें चलाना होता है ना, तुम्हें तो नहीं चलाना होता। हमें देखना होता है कि एक-एक पैसा फिजूल न उठे।

कुलवंत : पर इसमें अपन लोगों का दोष क्या है? हम कोई जान-बूझकर तो पैसा फूँकते नहीं।

राजरानी : अभी-अभी की घटना देखो ना! हम लोग लाल डिग्गी से यहाँ आए हैं, थ्री व्हीलर से। बिल बना सात रुपए का। चालक को तुम्हारे भैयाजी ने दिया दस का नोट। चालक ने टका सा जवाब दे दिया आसानी से– छुट्टा नहीं है जी।

रामकली : तुम ठीक कहती हो, बहन! इन लोगों के पास टका नहीं है, टका सा जवाब है, बस।

राजरानी : नहीं बहन! इन लोगों के पास टका सा जवाब ही नहीं, टका भी है, पर जितना जिससे मारा जाए, मार लो। लूट मचा रखी है इन लोगों ने।

रामकली : तुम ठीक कहती हो, बहन। एक यह हमारे मर्दुए हैं कि लुट रहे हैं और खुश हो रहे हैं।

कुलवंत : बिना बात मत लपेटो हम लोगों को। मैंने भला कौनसी कसर छोड़ी उससे तीन रुपए वसूल करने में। वह नहीं गया तो मैं गया इधर-उधर से दस का नोट तुड़ाने के चक्कर में। जहाँ गया, वहाँ एक ही जवाब मिला, छुट्टा नहीं है। क्या करता, थ्री व्हीलर वाले की बात माननी पड़ी।

मंगलसेन : कौनसी बात?

कुलवंत : कहीं से छुट्टा नहीं मिला तो वह बोला, छुट्टा नहीं मिलता तो मेरी छुट्टी करो जी। कभी भेंट हुई तो ले लेना अपने तीन रुपए।

राजरानी : न फिर कभी भेंट होगी, न रुपए मिलेंगे।

मंगलसेन : अच्छा, अच्छा! बाहर से तुम्हीं लोगों की आवाज आ रही थी जोर-जोर से बोलने की।

कुलवंत : कम तोलना और ज्यादा बोलना, भेजा खाना और टटरा रोलना। ऐसा ही युग आ गया है अब भाई जी। चख-चख करके भेजा तो खा जाते हैं ये लोग, पर रुपए-दो रुपए का नोट फँस जाए तो देते नहीं हैं वापस।

मंगलसेन : पर बेचारे ये भी क्या करें! छोटी जाति के सिक्कों का नितांत अभाव है मार्केट में। इसी अभाव का लाभ उठा रहे हैं ये लोग।

कुलवंत : अभाव का लाभ तो उठाते ही हैं लोग-बाग। अमन-चैन न रहे नगर में तो इसका सीधा लाभ उठाते हैं चोर-उचक्के, बदमाश-लुटेरे, हत्याएँ करने-करानेवाले। नून-तेल-शक्कर का अभाव हो जाए तो लाभ उठाते हैं परचूनिए, पंसारी। जनता में जागरूकता का अभाव हो जाए तो लाभ उठाती है सरकार की मशीनरी। नौकरियों के अभाव में वारे-न्यारे करते हैं रोजगार उपलब्ध करानेवाले। ऐसे ही छोटे सिक्कों का अभाव है तो रिक्शा-ताँगेवाले, सब्जीवाले इसका अनुचित लाभ उठाएँगे ही।

राजरानी : अच्छा, आप लोग अब इस विषय को थोड़ी देर के लिए त्याग दें। जल्दी तैयार हो जाओ, सुमित्रा के घर चलना है।

कई दिनों से वह अपने मायके गई हुई थी। कल ही वापस आई है। थोड़ी देर बैठेंगे, गप-शप करेंगे, फिर लौट आएँगे। थोड़ी आउटिंग हो जाएगी।

[मंगलसेन, रामकली और चुन्नू जाने के लिए तैयार होते हैं। चुन्नू दो रिक्शावालों को बुलाकर लाता है।]

मंगलसेन : *(रिक्शावालों से)* सोहराब गली जाना है जी। बोलो, क्या लोगे?

रिक्शावाला : पाँच-पाँच रुपए, जी।

मंगलसेन : नहीं, तुम ज्यादा बोल रहे हो। दूर ही कितनी है सोहराब गली। अगले दो मोड़ के बाद पहुँच जाएँगे ठिकाने पर। चार-चार रुपए लेने हैं तो चलो।

रिक्शावाला : नईं शाब, चार रुपए थोड़ा है।

कुलवंत : थोड़े नहीं हैं। इतना ही रेट है यहाँ से सोहराब गली का।

रिक्शावाला : अच्छा बैठो, शाब!

[एक रिक्शा पर कुलवंत और राजरानी तथा दूसरे पर मंगलसेन, रामकली और चुन्नू सवार हो जाते हैं। रिक्शा आगे बढ़ते हैं और तेज-तेज चलकर सुमित्रा के द्वार पर जाकर रुक जाते हैं।]

मंगलसेन : *(रिक्शा से उतरते हुए)* ले रे दस रुपए का नोट! चार-चार रुपए बाँट लेना दोनों। दो रुपए वापस कर जल्दी से।

रिक्शावाला : छुट्टा तो नईं है जी।

मंगलसेन : *(दूसरे रिक्शा वाले से)* तेरे पास हैं छुट्टे दो रुपए?

दूसरा रिक्शावाला: नहीं हैं जी, छुट्टा नहीं है।

मंगलसेन : *(कुलवंत से)* तुम्हारे पास खुले रुपए हैं, कुलवंत?

कुलवंत : *(पर्स खोलकर नोट निकालते हुए)* पचास का है, सौ का है, बीस का है, दस का है, पाँच का भी है, काम तो नहीं चलेगा।

मंगलसेन : अरे, आस-पास से तुड़ा ले ना।

रिक्शावाला : मुझे नोट कोई ना भुना के देगा, बाबू। आप खुद ही ट्राई मारो जरा।

[मंगलसेन पहले पेप्सीवाले के स्टॉल पर जाता है, फिर एक जनरल मर्चेंट की दुकान पर जाता है, फिर चाट-पकौड़ी बेच रहे एक खोमचेवाले के पास जाता है, पर दस का नोट कोई भुनाकर नहीं देता।]

पेप्सीवाला : छुट्टा नहीं है जी।

जनरल मर्चेंट : छोटे नोट नहीं हैं जी।

चाटवाला : अभी तो ठेला लगाया है जी मैंने। अभी तो बोहनी भी नहीं हुई। छुट्टा कहाँ से आ गया?

[मंगलसेन निराश वापस आता है।]

रिक्शावाला : दो रुपए के लिए काहे को मारे-मारे फिर रहे हो जी। अगली बार ले लेना, बाबू।

मंगलसेन : यह तुम लोगों की अच्छी धाँधली है। छुट्टा न होने का बहाना करके टरका देते हो। कितनी आसानी से कह देते हो कि अगली बार ले लेना और अगली बार कभी आती ही नहीं है।

रिक्शावाला : तो बाबू, हम यह कब कह रहे हैं कि अपने दो रुपए छोड़ दो। छुट्टे आठ रुपए दे दो हमें। तुम अपने घर खुश, हम अपने घर खुश।

कुलवंत : छुट्टे पैसे होते तो झक-झक ही क्यों सुनते तुम्हारी?

रिक्शावाला : छुट्टे तो हमारे पास भी नहीं हैं जी।

मंगलसेन : तुम्हारे पास हैं, पर तुम बहाना कर रहे हो, न देने का।

[दोनों रिक्शावाले अपनी-अपनी कमीज उतारकर मंगलसेन की ओर बढ़ाते हैं।]

रिक्शावाला : लो जी, देख लो। झाड़ा ले लो इनका।

मंगलसेन : अरे, झाड़ा क्या लेना है अब! थोड़ी देर पहले एक रिक्शावाला

हड़प कर गया एक रुपए का नोट। अब तुम हथिया रहे हो दो रुपए मुफ्त में।

[तकरार सुनकर सुमित्रा का पति नरेश घर से बाहर निकल आता है। मंगलसेन तकरार को टालते हुए दस रुपए का नोट रिक्शावाले के पास छोड़ देता है।]

मंगलसेन : अच्छा भैया, जा। भगवान तेरा भला करे। याद रह जाए और हम लोग तुझे कभी मिल जाएँ तो दे देना हमारे दो रुपए, वरना हो तो गए तेरे और तेरे बाप के।

[दृश्य बदलता है। नरेश मेहमानों को लेकर घर में प्रवेश करता है। सब लोग मेहमानखाने में खुश हो बैठ जाते हैं। मंगलसेन के चेहरे पर अभी तक खिंचाव है।]

मंगलसेन : नरेश भाई, इन रिक्शा-ताँगेवालों ने तो बिलकुल ही लूट मचा रखी है। छुट्टा न होने का बहाना करके पचास पैसे के सिक्के से लेकर दो और तीन रुपए तक मार लेते हैं ये।

सुमित्रा : नहीं भाई मंगलसेन, रिक्शा-ताँगेवाले ही क्या, सब्जीवाले, परचूनवाले, फलवाले, कपड़ेवाले, यहाँ तक बसवाले भी वही सब कर रहे हैं। ये लोग उपभोक्ताओं को लूट रहे हैं दोनों हाथों से।

रामकली : तुम बिलकुल ठीक कह रही हो, बहन।

सुमित्रा : मैं कल ही अपने मायके से आई हूँ। वहाँ से यहाँ तक का बस का टिकट बारह रुपए है। मैंने बस में सवार होकर कंडक्टर को पंद्रह रुपए देकर एक टिकट माँगा। कंडक्टर ने टिकट काटा और टिकट के पीछे तीन रुपए शेष लिखकर टिकट मेरे हाथ में थमा दिया। मैं यह सोचकर शांत बैठ गई कि अन्य यात्रियों से पैसा आएगा तो कंडक्टर मेरे तीन रुपए वापस कर देगा।

राजरानी : किंतु रुपए वापस नहीं किए होंगे उसने।

सुमित्रा : जैसे-जैसे शहर निकट आता गया, मैं बस में राउंड लगाते

सुमित्रा : उसने पास में छुट्टे पैसे न होने की बात कहकर छुट्टी कर दी हमारी।

कंडक्टर को पैसे वापस करने के लिए टोकती रही, पर उसने एक कान से सुनी, दूसरे से टाल दी।

रामकली : अंत में क्या हुआ, बहन?

सुमित्रा : होना क्या था? वही हुआ, जो ऐसे मामलों में होता है। बस जब अपने गंतव्य पर पहुँच गई और सब यात्री एक-एक करके उतरने लगे तो मैंने बस के नीचे खड़े कंडक्टर से कहा कि भैया अब तो लौटा दे मेरे बाकी तीन रुपए। कंडक्टर ने पहले टिकट लेकर उसके पीछे लिखी अपनी तहरीर देखी, फिर अपना कैशबक्स मुझे दिखाते हुए बोला, 'छुट्टा नहीं है जी।'

राजरानी : बस, हो गई छुट्टी।

सुमित्रा : उसने पास में छुट्टे पैसे न होने की बात कहकर छुट्टी कर दी हमारी।

चुन्नू : *(बातचीत के बीच में हस्तक्षेप करते हुए)* मम्मी, कल छोलेवाले ने मेरा भी एक रुपया मार लिया था, यह कहकर कि छुट्टा नहीं है।

रामकली : अब देखो, बच्चों से लेकर बड़ों तक को नहीं छोड़ रहे हैं ये लोग।

नरेश : पर यह बात भी अपनी जगह सही है कि छोटी जाति के सिक्के बाजार से गायब हो गए हैं। दिखाई ही नहीं देते हैं कहीं।

चुन्नू : पर अंकल! ये सिक्के चले कहाँ गए?

नरेश : सरकार छोटी जाति के सिक्के बना ही नहीं रही है।

चुन्नू : क्यों नहीं बना रही है? और जो अब तक बने थे, वे कहाँ चले गए? धातु के सिक्के फट तो सकते नहीं। गल भी नहीं सकते।

नरेश : तुम ठीक कहते हो बेटे। ऐसा लगता है, बड़ी जाति के सिक्केबंद लोगों ने छोटी जाति के सिक्कों को बंधक बना लिया है।

चुन्नू : लेकिन क्यों अंकल, ऐसा क्यों है?

कुलवंत : यही तो सवाल है, बेटे। इस पर गंभीरता से विचार करना

होगा। *(नरेश को संबोधित करते हुए)* अरे भई नरेश, तुम नागरिक अधिकार संरक्षक समिति के अध्यक्ष हो। जल्द ही समिति की एक मीटिंग बुलाओ। उसमें इस बात पर विचार किया जाएगा कि छोटी जाति के सिक्कों का इतना भयंकर अभाव क्यों हो रहा है?

[दृश्य बदलता है। नरेश के निवास-स्थान पर नागरिक अधिकार संरक्षक समिति के सदस्य बैठे हैं।]

नरेश : सवाल यह है भाइयो! हमारी वर्तमान सरकार ही नहीं, अब तक की सारी सरकारें मनुष्य की छोटी जातियों को हर हाल में जीवित रखना चाहती हैं, तो फिर करेंसी की छोटी जातियों को किसलिए गायब होने दे रही हैं? मनुष्यों में छोटी जातियाँ जरूरी हैं तो सिक्कों में मौजूद छोटी जातियाँ भी कम जरूरी नहीं हैं।

हरिचरण : तुम सरकार पर यह बिलकुल झूठा आरोप लगा रहे हो, नरेश बाबू। सरकार छोटी जातियों का विकास चाहती है, उन्हें केवल बनाए रखना नहीं चाहती।

मंगलसेन : तुम सरकार के पिट्ठू हो ना, चावला जी। तुम तो उसका समर्थन करोगे ही। आरक्षण का मतलब है, छोटी जातियों को बनाए रखना, उनकी पहचान को सुरक्षित रखना।

चंद्रसेन : नहीं, नहीं, तुम गलत समझते हो। यह अल्पकालिक उपाय है छोटी जातियों को विकसित करने का। यदि वे विकसित हो जाएँगी तो छोटे-बड़े की पहचान से भी मुक्त हो जाएँगी।

नरेश : अब तक तो हुई नहीं हैं। आरक्षण के बावजूद उनकी स्थिति ज्यों-की-त्यों है।

मंगलसेन : केवल ज्यों-की-त्यों ही नहीं हैं, नरेश बाबू। आरक्षण की आड़ में तो वे राजनीतिक दलों का वोट-बैंक बन गई हैं। वह इनसे वोट लेते हैं, वोट के सहारे सत्ता में पहुँचते हैं। वह सत्ता का सुख उठाते हैं और बदले में इन्हें दुःख देते हैं।

चंद्रसेन : केवल अस्तित्व ही आवश्यक नहीं है, इन्हें अपनी-अपनी

झोली में डाले रखना भी आवश्यक है।

नरेश : लगता ऐसा ही है। मनुष्य समाज में रह रही छोटी जातियों को छोटा न रहने देने के लिए यदि राजनीतिक दल ईमानदार होते तो क्या इनकी गिनती इस प्रकार बढ़ती जाती?

मंगलसेन : लगता है, राजनीति के खिलाड़ियों के लिए समाज में छोटी जातियों का बना रहना अनिवार्य है।

नरेश : बने रहना ही नहीं, इनका राजनीतिक नेताओं के हाथों में गिरवी पड़े रहना भी अनिवार्य है।

कुलवंत : भाइयो, हम करेंसी की छोटी जातियों के अभाव पर विचार करने और इस समस्या का समाधान ढूँढ़ने के लिए यहाँ इकट्ठा हुए हैं, किंतु करेंसी की छोटी जातियों की जगह हम चर्चा करने लगे हैं मनुष्य-समाज में उपस्थित छोटी जातियों के अस्तित्व की। हमें अपने विषय तक सीमित रहना चाहिए।

नरेश : मुझे लगता है कि करेंसी की छोटी जातियों तथा मनुष्यों की छोटी जातियों के बीच कोई प्रत्यक्ष-अप्रत्यक्ष संबंध जरूर है, अन्यथा एक की चर्चा से दूसरे की चर्चा निकल आना संभव नहीं था।

चंद्रसेन : आप लोग अपनी बातचीत को अकारण राजनीतिक रंग देने पर तुले हुए हैं। इसलिए मैं इस गोष्ठी का बहिष्कार करता हूँ।

[चंद्रसेन अपनी नाराजगी व्यक्त करते हुए गोष्ठी से उठकर चला जाता है।]

नरेश : बात यह है भाइयो! जिस प्रकार छोटी जातियों को खोखले प्रलोभन देकर कितने ही राजनीतिक दल अपनी-अपनी झोली में डाले रखने का प्रयास कर रहे हैं, उसी प्रकार कुछ धन्ना सेठ करेंसी की छोटी जातियों को बाजार से बाहर कर उन्हें अपना सेवक बनाए रखना चाहते हैं।

कुलवंत : जरा खुलकर बताओ। पहेलियाँ मत बुझाओ, नरेश बाबू।

नरेश : करेंसी की छोटी जातियाँ लुप्त नहीं हुईं अभी। वे हैं, पर

कुछ सीमित स्थानों पर। तुम इन्हें देख सकते हो मठ-मंदिरों में चढ़ावे के समय, मीर-फकीरों की मजारों पर रखे दान-पात्रों में, भिखारियों के कटोरों में।

मंगलसेन : बात तो तुमने बड़े पते की कही है, नरेश बाबू। छोटी जातियाँ चाहे मनुष्यों की हों या करेंसी की, उनका जमावड़ा होता ही है मजारों और मठ-मंदिरों में।

नरेश : हाँ, करेंसी और मनुष्यों की छोटी जातियों को राजनीति और मठ-मंदिर छोड़ें तो कुछ राहत मिले।

[नरेश की बात पर सब लोग हँसते हैं।]

हरिचरन : मनुष्य की छोटी जातियाँ राजनीति के दाँव-पेंच में गुम हैं और करेंसी की छोटी जातियाँ मठ-मंदिरों में चढ़ावे के लिए रिजर्व हैं। अब तो ऐसा लगता है कि छोटी जातियाँ रहेंगी तो छोटी जातियाँ ही, पर टूल बनी रहेंगी किसी-न-किसी के हाथ का।

नरेश : कोई अभियान चलाना होगा इस स्थिति के खिलाफ। सरकार पर दबाव डालना होगा कि समाज की छोटी जातियों को आरक्षण दो या मत दो, उन्हें राशन दो, पोजीशन दो और करेंसी की छोटी जातियों को ... ।

[शेष सदस्य मिलकर नारा लगाते हैं– बंधनमुक्त करो, बंधनमुक्त करो।]

[दृश्य बदलता है]

मंगलसेन : *(घर में प्रवेश करते हुए)* बेटे चुन्नू, जा जरा सामने की दुकान से गरम-गरम जलेबी ले आ आधा किलो। तेरह रुपए की मिलेंगी। तेरी मम्मी का मुँह मीठा कराऊँगा आज। ले पंद्रह रुपए।

[चुन्नू भागा-भागा सामने की दुकान पर जाता है।]

चुन्नू : पापा! हलवाई ने दो रुपए नहीं दिए। बोलता है, छुट्टा नहीं है। फिर ले जाना।

रामकली : *(चिल्लाकर मंगलसेन से)* तुम तो घर को घरौंदा बनाकर छोड़ोगे जी। ये छुट्टा न देने वाले एक दिन चाट जाएँगे तुम्हें।

[रामकली की आवाज के साथ ही दृश्य समाप्त हो जाता है।]

(समाप्त)

(कॉफी का घूँट लेते हुए) ठाकुर साहब शहर में डिग्रीधारी और झोलाछाप दोनों श्रेणियों के लगभग पाँच सौ डॉक्टर काम कर रहे हैं।

धंधेबाज

पात्र-परिचय

ठाकुर धुरंधर सिंह

कचौरीलाल

सरगना सिंह

रामकुमार

भगवानदास

डॉक्टर

तथा अन्य

[होटल पैराडाइज के एक कॉर्नर में ठाकुर धुरंधर सिंह और कचौरीलाल एक मेज पर आमने-सामने बैठे हैं। होटल में अनेक लोग, युवक और युवतियाँ खाने-पीने और बतियाने में व्यस्त दिखाई दे रहे हैं। शाम का समय है तथा होटल में हलका-हलका उजाला फैला हुआ है। धीमे स्वर में फिल्मी गीत 'तू चीज बड़ी है मस्त-मस्त' का रिकार्ड बज रहा है। बैरा ठा. धुरंधर सिंह तथा कचौरीलाल की मेज पर कॉफी के दो प्याले रख गया है।]

धुरंधर सिंह : *(कॉफी का प्याला मुँह तक ले जाते हुए)* क्यों भाई कचौरीलाल, तुमने सर्वे मुकम्मल कर लिया या नहीं?

कचौरीलाल : कर लिया ठाकुर साहब, कर लिया। पिछले तीन दिनों से इसी काम में लगा हुआ था मैं।

धुरंधर सिंह : तो बोलो, क्या रिजल्ट है? क्या आँकड़े लाए हो इकट्ठे करके।

कचौरीलाल : *(कॉफी का घूँट लेते हुए)* मोटा हिसाब यह है, ठाकुर साहब कि शहर में डिग्रीधारी और झोलाछाप दोनों श्रेणियों के लगभग पाँच सौ डॉक्टर काम कर रहे हैं। एक मोटे हिसाब से इनके यहाँ कम-से-कम चार-चार कंपाउंडर तो सेवारत होंगे ही। इस प्रकार लगभग दो हजार छोकरे-छोकरियाँ सेवा में हैं निजी डॉक्टरों की।

धुरंधर सिंह : दो हजार चिकित्सा-कर्मचारी हैं निजी डॉक्टरों की सेवा में तो अपनी मेवा भी बिलकुल फिट है, कचौरीलाल।

कचौरीलाल : वह कैसे ठाकुर साहब?

धुरंधर सिंह : *(रूमाल से मुँह साफ करते हुए)* तुम नहीं समझोगे, कचौरीलाल, तुम कुछ नहीं समझोगे। कचौरीलाल हो ना, बस कचौरी खाना जानते हो, थ्योरी नहीं जानते।

कचौरीलाल : काहे की थ्योरी, ठाकुर जी।

धुरंधर सिंह : अरे, खाने-कमाने की! *(ठाकुर हँसकर आँख दबाता है)* थोड़ी मेहनत कर लो। फिर देखो नाम भी, सम्मान भी, धन भी, यश भी। सब कुछ बरसेगा तुम पर।

कचौरीलाल : किंतु ठाकुर भाई! कुछ बताओ तो सही, करने क्या जा रहे हो?

धुरंधर सिंह : वही, जो कई और लोग कर रहे हैं।

कचौरीलाल : पर अपनी योजना का कुछ अता-पता तो दो, ठाकुर भाई।

धुरंधर सिंह : अरे कचौरीलाल! अब कर्मचारियों की कोई ऐसी जाति-प्रजाति नहीं है जिसकी यूनियन न हो। किसान यूनियन बन गई। किसान कामगार यूनियन बन गई। गन्ना मिल मजदूर यूनियन बन गई। बीड़ी मजदूर यूनियन बन गई। होटल स्वामी यूनियन बन गई। बस-चालक यूनियन बन गई। मेडिकल प्रैक्टिशनरों की यूनियन बन गई। सरकारी कर्मचारी यूनियन बन गई।

महिला उद्धार यूनियन बन गई। पढ़ानेवाले टीचरों-फटीचरों की यूनियन बन गई। बस, यह निजी कंपाउंडरों की प्रजाति ही एक ऐसी रह गई है, जिसकी कोई यूनियन नहीं।

कचौरीलाल : *(ठाकुर धुरंधर सिंह की ओर अपना हाथ बढ़ाते हुए)* ठाकुर साहब, क्या पते की बात सोची है आपने *(दोनों गर्मजोशी से हाथ मिलाते हैं)* इन छोटे चिकित्सा-कर्मचारियों की भी एक यूनियन बननी चाहिए। यूनियन बनेगी तो ठाकुरजी उनका भला तो होगा, अपन का भी भला होगा।

धुरंधर सिंह : *(आँख दबाते हुए)* बिलकुल, बिलकुल! तुम तो जानते ही हो कचौरीलाल, एकता में बड़ा बल है। जिसमें एकता नहीं, उसे कोई भी छल सकता है, कोई भी निगल सकता है।

कचौरीलाल : बड़े तजुर्बे की बात कह रहे हो, ठाकुर जी! मैंने अपने सर्वे के समय पाया कि निजी डॉक्टरों की सेवा में जो चिकित्साकर्मी लगे हैं, उन्हें मात्र ढाई सौ रुपए से लेकर पाँच सौ रुपए तक का वेतन प्रति माह दिया जा रहा है और काम का समय कोई निश्चित नहीं है।

धुरंधर सिंह : हम जानते हैं, हम जानते हैं कचौरीलाल! गरीब परिवारों के ये दस-दस, पंद्रह-पंद्रह साल के छोकरे सुबह आठ बजे अपनी-अपनी क्लीनिकों पर पहुँच जाते हैं। क्लीनिक खोलते हैं, झाड़ू लगाते हैं, सफाई-पोंछा करते हैं, रोगियों का स्वागत करते हैं, उनके नाम की पर्चियाँ बनाते हैं। डॉक्टर साहब महोदय, ठाठ से मूँछों पर ताव देते हुए ग्यारह बजे क्लीनिक में पधारते हैं। डॉक्टर के आते ही काठ के लट्टू की तरह घूमना पड़ता है इन बेचारों को। दौड़ते-भागते, दवा देते, पट्टी करते, रोगियों को नंबर से डॉक्टर के चैंबर में भेजते और बाहर निकालते तीन बज जाते हैं। न रोटी, न पानी। इस बीच डॉक्टर छह बार चाय पीता है। ये बेचारे हाय-हाय करते हैं।

कचौरीलाल : इतना ही नहीं, ठाकुर साहब! इनकी मुसीबत यहीं समाप्त नहीं हो जाती। डॉक्टर के जाने के बाद ये दुखियारे फिर

क्लीनिक की सफाई-सुथराई में जुट जाते हैं। दिन भर का जमा हुआ कचरा फेंकते हैं। फिनाइल से फर्श धोते हैं। भागते-दौड़ते सूखी-फीकी रोटी खाते हैं। पाँच बजे फिर ड्यूटी पर मौजूद। छह बजे डॉक्टर आता है–अकड़ता, इतराता। फिर शुरू हो जाता है इन बेचारों का वही चक्कर। रात में दस बजे से पहले छुट्टी नहीं मिलती है इन्हें। मोटे हिसाब से चौदह घंटों से अधिक समय तक काम करना पड़ता है इन्हें।

धुरंधर सिंह : कचौरीलाल, तुम्हारी मोटी अकल हमेशा मोटा हिसाब ही लगाती है। बारीक हिसाब कभी नहीं लगाती है। यह भी तो इसमें जोड़ो कि इमरजेंसी आ जाने पर रात में एक बजे, दो बजे, तीन बजे जब जरूरत पड़े, उठवा लिया जाता है इन्हें।

कचौरीलाल : बिल्कुल इसी तरह, जैसे पुलिसवाले उठा लाते हैं किसी भी निर्दोष को।

धुरंधर सिंह : हाँ, तुमने ठीक उदाहरण दिया।

कचौरीलाल : आपका अनुमान ठीक है, ठाकुर साहब! भारी शोषण हो रहा है इन चिकित्साकर्मियों का। इनका एक संगठन अवश्य बनना चाहिए।

धुरंधर सिंह : तुम कल सुबह घर पर आ जाओ। मैं तुम्हें एक पैंफलेट का मैटर लिखकर दूँगा। उसे छपवाकर सभी चिकित्साकर्मियों में बाँट आना।

[बैरा बिल ले आता है। ठाकुर धुरंधर सिंह पर्स निकालकर बिल चुकता करता है और दोनों रेस्तराँ से बाहर निकल जाते हैं।]

[दृश्य बदलता है। कचौरीलाल सुबह-सुबह धुरंधर सिंह के यहाँ बैठा है। एक छोटे से कमरे में दो पुरानी कुरसियाँ पड़ी हैं, एक खाट बिछी है। एक छोटी लड़की स्टूल पर चाय के दो कप रख गई है।]

धुरंधर सिंह : लिखो कचौरीलाल, पैंफलेट का मैटर।

कचौरीलाल : *(कागज-कलम सँभालता है)* बोलो, ठाकुर साहब।

धुरंधर सिंह : *(बोलता है)* प्यारे चिकित्साकर्मियो! हमने गहन अध्ययन और व्यापक सर्वे के बाद यह पाया कि समाज में जितना भारी शोषण तुम लोगों का हो रहा है, उतना किसी और का नहीं। तुम लोगों से डॉक्टर सोलह घंटे काम ले रहे हैं, जबकि वेतन के नाम पर तुम्हें ढाई सौ से पाँच सौ रुपए तक ही दे रहे हैं। एक तरफ तो डॉक्टर अपनी कॉकटेल पार्टी में हजार दो-हजार उड़ा देता है और दूसरी तरफ तुम अपनी खेल पार्टी में पच्चीस पैसे के खील-बताशे भी नहीं ले सकते। यह कैसा न्याय है? सबसे ज्यादा दुखद स्थिति यह है कि न तो कानून ही तुम्हारी रक्षा कर पा रहा है और न समाज ही। तुम दिन-रात मेहनत की चक्की में पिस रहे हो, अपना जीवन व्यर्थ कर रहे हो, स्वास्थ्य अकारथ कर रहे हो। जीवित रहना चाहते हो तो इस नारकीय जीवन से विद्रोह करो। आगे बढ़ो, हम तुम्हारे साथ हैं। सिर उठाओ, यूनियन बनाओ, संघर्ष करो, जान हथेली पर धरो। याद रखो कि एकता में ताकत है, एकता में राहत है। एकता नहीं होगी तो डॉक्टर लोग तुम्हें शोषण के तवे पर सेंकते रहेंगे। इस सिंकाई, खिंचाई, लुटाई और पिटाई से बचना चाहते हो तो अगले सप्ताह रविवार को शाम के पाँच बजे जनकल्याण केंद्र के मुख्य हॉल में एकत्र हो जाओ। वहाँ तुम्हारी समस्याओं पर विचार किया जाएगा। तुम लोगों का एक मजबूत संगठन बनाकर वे सारी सुविधाएँ तुम्हें दिलाई जाएँगी, जो इस समय तुम्हें प्राप्त नहीं हैं और जिन पर तुम्हारा अधिकार है। आशा है, तुम सब लोग समय पर पधारने का कष्ट करोगे।

कचौरीलाल : यह तो लिख लिया, ठाकुर साहब। अब आगे बोलो, क्या करना है?

धुरंधर सिंह : भाई कचौरीलाल, तुम तो बहुत ही मोटी अक्ल वाले हो। सीधे माहेश्वरी प्रिंटिंग प्रेस जाओ और फटाफट ढाई हजार

पैंफलेट छपवा डालो। पैंफलेट छप जाएँ तो अपनी खटारा साइकिल उठाओ और एक-एक क्लीनिक पर जाकर चिकित्सा-कर्मचारियों को दे आओ। समझे!

कचौरीलाल : समझा तो *(कुछ झिझकते हुए)*, पर ठाकुर जी, इसका कुछ खर्चा-पानी तो दो ना।

धुरंधर सिंह : अबे मूरख, इसे खर्चा-पानी नहीं कहते। इसे कहते हैं इन्वेस्टमेंट। अरे कचौरीलाल, मंडी में जाकर घास बेचता तो भी कुछ-न-कुछ लागत तो लगाता उसमें, या यूँ ही जा बैठता खाली हाथ?

कचौरीलाल : पर ठाकुर धुरंधर सिंह जी, मेरे पास तो कुछ भी नहीं है इस समय।

धुरंधर सिंह : अरे भाई, मुकदमे को गवाह और मुरदे को कफन मिल ही जाता है।

कचौरीलाल : मुरदे को कफन तो मिल जाता है ठाकुर पर छापेखाने को धन नहीं मिलता।

धुरंधर सिंह : छापेखाने को धन नहीं मिलता तो जा बेच दे कोई गहना। जंगल में मंगल ऐसे ही थोड़ा हो जाता है। अब गाल बजाना छोड़, पहले थोड़ा माल लगा, फिर इसका कमाल देख और दिखा।

[कचौरीलाल मुख पर चिंता लिये हुए धुरंधर सिंह के घर से विदा होता है। कैमरा माहेश्वरी प्रिंटिंग प्रेस पर केंद्रित हो जाता है। कचौरीलाल पैंफलेटों का बंडल लिये प्रेस से निकलता दिखाई देता है। अगले ही पल वह ठाकुर धुरंधर सिंह की बैठक में उपस्थित होता है।]

कचौरीलाल : इश्तिहार तो छप गए, ठाकुर जी। मुझे अँगूठी बेचनी पड़ी अपनी घरवाली की।

धुरंधरसिंह : अरे चिंता मत कर, कचौरीलाल! एक अँगूठी क्या, दस नौलक्खे हार बनवाकर दूँगा तुझे। *(हीं-हीं करके हँसता है)* तू आँखें मूँदकर जुटा रह अभियान में। अब तुरत जा और ये

पैंफलेट प्रत्येक क्लीनिक में दे आ।

[कचौरीलाल अपनी छकड़ा साइकिल पर एक-एक क्लीनिक के सामने रुकता है और पैंफलेट बाँटता दिखाई देता है।]

[दृश्य बदलता है। दोपहर तीन बजे के अल्पकालिक अवकाश में नगर के सबसे बड़े क्लीनिक डॉक्टर ओबराय हेल्थ सेंटर पर कुछ नेता टाइप के चिकित्साकर्मी एकत्र हो गए हैं और आपस में विचार-विमर्श करते दिखाई दे रहे हैं।]

रामकुमार : परचे में जो कुछ लिखा है, वह है तो सोलह आने सही, पर छबीलदास, यह तो बता कि यह ठाकुर धुरंधर सिंह है कौन और इसे हम कंपाउंडरों की चिंता सता क्यों रही है बैठे-बिठाए?

भगवानदास : अरे, यह वही है, जिसने पिछले महीने डॉ. अनुपमा जैन को नाको चने चबवा दिए थे।

रामकुमार : हाँ, याद आया! डॉक्टर अनुपमा जैन से डिलीवरी का एक केस बिगड़ गया था। ऑपरेशन टेबल पर ही एक महिला की मृत्यु हो गई थी। बच्ची भी मर गई थी। यही ठाकुर धुरंधर सिंह था, जिसने डॉक्टर अनुपमा जैन के विरुद्ध भारी आंदोलन खड़ा कर दिया। माँ और बच्चे की लाश क्लीनिक के सामने रखकर धरने पर बैठ गया। महिला का परिवार तो पीड़ित था ही, उसे तो ठाकुर धुरंधर सिंह के साथ जुड़ना ही था। और भी बहुत से लोग आंदोलन के साथ जुड़ गए। मृतकों के साथ सहानुभूति जुड़ती चली गई जनता की। देखते-ही-देखते रास्ता जाम हो गया। डॉक्टर अनुपमा और उसके पति भारी संकट में पड़ गए। जमकर नारेबाजी हुई।

भगवानदास : और इस नाटक का अंत तब हुआ जब धुरंधर सिंह ने पीड़ित परिवार को दो लाख रुपए क्षतिपूर्ति के रूप में दिलाकर दोनों पक्षों में समझौता करा दिया।

रामकुमार : आदमी तो जुझारू लगता है।

यह ठाकुर धुरंधर सिंह है कौन और इसे हम कंपाउंडरों की चिंता सता क्यों रही है बैठे-बिठाए?

भगवानदास : हाँ, जुझारू है। मीटिंग में चलना चाहिए हम लोगों को।

[दृश्य बदलता है। जनकल्याण केंद्र के मुख्य हाल में सर्वप्रथम ठाकुर धुरंधर सिंह तथा कचौरीलाल दिखाई देते हैं। माइकवाला अपना माइक, स्पीकर आदि ठीक कर रहा है। सभा में आनेवालों को आकर्षित करने के लिए उसने एक गाना लगा दिया है– 'कर चले हम फिदा जानो तन साथियो, अब तुम्हारे हवाले वतन साथियो।' गाना तेज आवाज में बज रहा है।]

कचौरीलाल : सभा में क्या आप अकेले ही बोलने वाले हो, ठाकुर साहब! दो-चार और भी होते तो बढ़िया रहता। सभा काफी देर तक जमकर चलती।

धुरंधर सिंह : अरे, तू चिंता मत कर, कचौरीलाल! तुझे नहीं पता कि अपने दुलारे, जान से प्यारे देश में अधिकतर लोगों को माइकोफोबिया का रोग है। एक ढूँढ़ो, हजार मिल जाते हैं।

कचौरीलाल : यह माइकोफोबिया क्या होता है, ठाकुर साहब!

धुरंधर सिंह : यह ऐसा भयंकर रोग है, जिसका दुनिया में कोई इलाज नहीं है। भारत में यह रोग अधिक पाया जाता है।

कचौरीलाल : पर इसके कुछ लक्षण-वक्षण तो बताओ, ठाकुर साहब।

धुरंधर सिंह : माइकोफोबिया में मनुष्य माइक पर भौंकने के रोग से पीड़ित हो जाता है। जब तक वह माइक पर भौंक नहीं लेता, उसे चैन नहीं पड़ता। ऐसे व्यक्ति को भौंकने से रोकने की अब तक कोई दवा तैयार नहीं हुई है, कचौरीलाल।

कचौरीलाल : अच्छा, अच्छा! समझा।

धुरंधर सिंह : इसीलिए वक्ताओं की चिंता तुम मत करो। इन दिनों सभा के आयोजकों को चिंता श्रोताओं की होती है, वक्ताओं की नहीं। वक्ता तो बिन माँगे मिल जाते हैं, पर श्रोता किराए पर भी नहीं मिलते, ढूँढ़ने से भी।

कचौरीलाल : यह तो भारी संकट पैदा हो गया है, ठाकुर जी। अगर चिकित्साकर्मी एकत्र नहीं हुए, तो सभा का क्या होगा?

धुरंधर सिंह : नहीं, नहीं, वे जरूर आएँगे। समस्या ही ऐसी चुटीली है कि

बवंडर मच जाएगा कंपाउंडरों में।

[रिकार्ड की आवाज और तेज हो गई है– 'कर चले हम फिदा जानो तन साथियो, अब तुम्हारे हवाले वतन साथियो।' धीरे-धीरे प्राइवेट चिकित्साकर्मी एकत्र होने लगते हैं। कुछ ही देर में हॉल खचाखच भर जाता है। कचौरीलाल माइक पर आकर घोषणा करता है।]

कचौरीलाल : मैं इस सभा की अध्यक्षता के लिए चिकित्साकर्मियों के जुझारू नेता ठाकुर धुरंधर सिंह का नाम पेश करता हूँ।

[कई लोगों ने इसका अनुमोदन किया। ठाकुर धुरंधर सिंह अध्यक्ष के आसन पर विराजमान हो गए। उन्होंने कचौरीलाल को अपने निकट बुलाया और कान में कुछ कहा।]

कचौरीलाल : सबसे पहले मैं चिकित्साकर्मियों के एक और कर्मठ नेता श्री सरगना सिंह से प्रार्थना करता हूँ कि वे माइक पर आएँ और प्राइवेट चिकित्साकर्मियों की समस्याओं पर प्रकाश डालें।

सरगना सिंह : *(माइक हाथ में थामते हुए)* अध्यक्ष महोदय तथा उपस्थित चिकित्साकर्मी भाइयो! इससे पहले कि मैं विस्तार से कुछ कहूँ, मैं अपने भाई और चिकित्साकर्मियों के धुरंधर नेता ठाकुर धुरंधर सिंह जी के प्रति इस बात के लिए आभार व्यक्त करना चाहता हूँ कि उनकी पैनी दृष्टि सबसे पहले आपकी समस्याओं पर गई। उन्होंने आपको यहाँ आमंत्रित किया। उन्होंने अपना कीमती समय इस बात के लिए दिया कि हम लोगों की समस्याओं का समाधान किया जाए!

[चिकित्साकर्मियों में से अनेक ने नारे लगाए– ठाकुर धुरंधर सिंह जिंदाबाद, ठाकुर धुरंधर सिंह जिंदाबाद...। शोर थमा।]

सरगना सिंह : *(अपनी बात आगे बढ़ाते हुए)* भाइयो! यह बात सही है कि आज जितना अधिक शोषण प्राइवेट चिकित्साकर्मियों का हो रहा है, उतना शायद ही किसी और का हो रहा हो। यह शोषण इसलिए हो रहा है, क्योंकि आप एकजुट नहीं हैं।

आपका कोई संगठन नहीं है। अगर आप लोग संगठित हो जाते हैं और संगठित होकर अपनी बात उठाते हैं, तो कोई वजह नहीं कि जीत आपकी न हो, आपको अपने अधिकार न मिलें। लगे हाथों मैं आपको यह भी बताता चलूँ कि बिना पैसे कोई संगठन नहीं चलता है। संगठन की गाड़ी को ग्रीस देने के लिए पैसा चाहिए। आप यूनियन बनाएँ, उसके सदस्य बनें, सदस्यता शुल्क दें। सर्वप्रथम मैं इस कोष में अपनी ओर से एक हजार रुपए सहायता-राशि के रूप में देता हूँ।

[चिकित्साकर्मी मिलकर नारा लगाते हैं– चौ. सरगना सिंह जिंदाबाद, चौधरी सरगना सिंह जिंदाबाद।]

कचौरीलाल : *(माइक पर आते हुए)* चूँकि चिकित्साकर्मियों के पास अधिक समय नहीं है, इसलिए मैं सभा की कार्रवाई को लंबा न खींचते हुए सभा के अध्यक्ष ठाकुर धुरंधर सिंह से प्रार्थना करता हूँ कि वह आएँ और अपने मूल्यवान् विचारों से चिकित्साकर्मियों को लाभान्वित करें।

धुरंधर सिंह : *(अपना खद्दर का लंबा कुर्ता और सफेद धोती ठीक करते हुए माइक पर आता है।)* पीड़ित चिकित्साकर्मियो! आपका यह मामूली सेवक पिछले बहुत समय से प्राइवेट चिकित्सा-केंद्रों में काम करनेवाले युवकों और युवतियों की समस्याओं पर गौर कर रहा है। मेरा मन यह देखकर घायल पंछी की तरह तड़प गया कि आपसे पंद्रह-सोलह घंटे काम लिया जाता है और वेतन के नाम पर आपको मिलती है भूख, बीमारी और फाकाकशी। मुझे यह कहते हुए शर्म आती है कि हर सुबह केवल दो घंटे भीख माँगनेवाला एक आम भिखारी भी आप लोगों से ज्यादा पैसे कमा लेता है। उसे आप लोगों से ज्यादा सुविधा प्राप्त है। आपमें से पचहत्तर प्रतिशत कर्मचारी ऐसे हैं, जिन्हें आजकल की भीषण महँगाई के दिनों में पचास रुपए रोज भी नहीं मिलते। इतनी छोटी तनख्वाह में कोई क्या खाए और क्या पहने! तो भाइयो, आप लोगों की दुर्दशा

देखकर हमने फैसला किया कि प्राइवेट चिकित्साकर्मियों का एक संगठन बनाया जाए। इसीलिए भाइयो, अब इस बात की जरूरत है कि आपका एक संगठन हो, आप अपने अधिकारों के लिए संघर्ष करें। काम के घंटे निश्चित हों। वेतन में वृद्धि हो। हमने 'निजी चिकित्साकर्मी संगठन' नाम से एक यूनियन बनाने का निश्चय किया है। आप लोग हमारे साथ आएँ। हम आपके लिए संघर्ष करेंगे, ताकि आप पशुओंवाला जीवन न जीकर मनुष्योंवाला जीवन जी सकें।

[हॉल में जोर-जोर से तालियाँ बजती हैं। कचौरीलाल सभी उपस्थित चिकित्साकर्मियों से पचास-पचास रुपए शुल्क लेकर उन्हें रसीद काटकर देता दिखाई देता है। चंदा-अभियान के बाद जब हॉल में पुनः शांति लौटती है तो ठाकुर धुरंधर सिंह पुनः माइक पर आते हैं।]

धुरंधर सिंह : भाइयो! मैं आपको बधाई देता हूँ कि आपका संगठन बन गया। अब मैं इस संगठन के अध्यक्ष के नाते पहले आप लोगों के बीच से सचिव, सहसचिव, मंत्री, प्रचारमंत्री आदि पदाधिकारी मनोनीत करता हूँ, ताकि संगठन अपने पदाधिकारियों एवं कार्यकर्ताओं सहित तुरत कार्यरत हो जाए।

[कर्मचारियों में थोड़ी हलचल होती है। पदाधिकारी मनोनीत किए जाते हैं। चुनाव सर्वसम्मति से संपन्न हो जाता है। हॉल में पुनः शांति स्थापित होती है तो ठाकुर धुरंधर सिंह माइक पर आते हैं।]

धुरंधर सिंह : भाइयो! सब जानते हैं कि शहर में जितने क्लीनिक चल रहे हैं, उन सबकी रीढ़ आप हैं। आप न हों तो डॉक्टर लोगों की दुकानें नहीं चलेंगी। वे भूखों मर जाएँगे। इसीलिए अध्यक्ष के नाते हम उन्हें नोटिस दे रहे हैं– यदि उन्होंने सभी चिकित्साकर्मियों का वेतन ढाई हजार रुपए मासिक न किया तथा काम के घंटे निर्धारित नहीं किए तो एक हफ्ते बाद 'काम बंद हड़ताल' कर दी जाएगी। हड़ताल के दौरान सभी

कर्मचारी अपनी-अपनी क्लीनिक के सामने धरना देंगे।

सभी कर्मी : हमें स्वीकार है। हमें स्वीकार है।

[दृश्य बदलता है। चिकित्साकर्मी अपने-अपने क्लीनिकों के सामने धरना देते और नारे लगाते हुए दिखाई देते हैं। वे नारे लगा रहे हैं– लेकर रहेंगे हम अधिकार, लेकर रहेंगे हम अधिकार। हम हैं कर्मचारी, नहीं हैं भिखारी; पगार बढ़ाओ, समय घटाओ। ठाकुर धुरंधर सिंह मोटरसाइकिल पर सवार होकर हड़ताल का सर्वेक्षण करता दिखाई देता है।]

[तभी मंच पर डॉक्टर एस.के. श्रीवास्तव की कोठी का दृश्य उभरता है। नगर भर के डॉक्टर कोठी के लॉन में जमा हैं। सबके सब चिंतित दिखाई दे रहे हैं।]

डॉक्टर-1 : बड़ी भारी समस्या खड़ी कर दी है इस ठाकुर धुरंधर सिंह ने। सारे कंपाउंडर हड़ताल पर चले गए हैं।

डॉक्टर-2 : कंपाउंडर ही हम लोगों के हाथ-पाँव हैं। वही नहीं रहेंगे तो क्लीनिक में काम नहीं हो पाएगा। रोगी परेशान हैं, क्या करें?

डॉक्टर-3 : हड़ताल के सामने हथियार डालना तो ठीक नहीं होगा।

डॉक्टर-4 : आज यदि हमने हथियार डाल दिए तो कल कोई और स्वयंभू नेता इन कर्मचारियों को भड़काएगा। रोज-रोज की बकबक-झकझक हो जाएगी फिर तो।

डॉक्टर-5 : आज हड़ताल को चौथा दिन हो गया है। समझौता-वार्त्ता तो शुरू होनी ही चाहिए। भाई, ऐसे कैसे काम चलेगा?

डॉक्टर-6 : कंपाउंडर नेता ठाकुर धुरंधर सिंह को बुलाओ तो सही। बात तो करो उससे।

[एक व्यक्ति ठाकुर धुरंधर सिंह को बुलाने के लिए जाता दिखाई देता है। कुछ ही क्षण बाद धुरंधर सिंह लंबा कुर्ता पहने शान से आता है। डॉक्टर लोग खडे होकर उसका स्वागत करते हैं। धुरंधर सिंह के चेहरे पर घमंड और गुस्सा है।]

धुरंधर सिंह : हाँ जी! आपने इस सेवक को कैसे याद किया?

डॉक्टर-1 : शहर के मरीजों में भारी बेचैनी फैल गई है। धड़ाधड़ मौतें हो रही हैं। इलाज के अभाव में लोग मर रहे हैं। यह हड़ताल मानवीय नहीं है। यह टूटनी ही चाहिए।

धुरंधर सिंह : यह नहीं टूटेगी। आप लोग चिकित्साकर्मियों का भारी शोषण कर रहे हैं। उनकी माँगें पूरी करें। माँगें पूरी नहीं करेंगे तो हड़ताल जारी रहेगी।

[धुरंधर सिंह के स्वर में दृढ़ता है।]

डॉक्टर-4 : *(चुपके से धुरंधर सिंह का हाथ पकड़कर उठाते हैं और एक कोने में ले जाते हुए)* अरे यार! किस्सा खत्म कर। ले अपना चारा-पानी। *(मध्यम उजाले में डॉक्टर नोटों की गड्डियाँ धुरंधर सिंह की जेबों में ठूँस देता है।)*

धुरंधर सिंह : क्या कर रहे हो, क्या कर रहे हो!

डॉक्टर-4 : अरे, कुछ नहीं, कमीशन है, थोड़ा कमीशन।

[दृश्य बदलता है। जनसेवा-केंद्र का वही हॉल है। चिकित्साकर्मी जमा हैं। ठाकुर धुरंधर सिंह माइक पर ऐलान करता है।]

धुरंधर सिंह : भाइयो! रात में डॉक्टरों के साथ हमारी बातचीत हुई। उन्होंने आप लोगों की माँगों पर सहानुभूतिपूर्वक विचार करने का वचन दिया है। इसलिए यह हड़ताल वापस ली जा रही है, कल से आप लोग नियमित काम पर जाएँ।

कर्मचारी : *(शोर मचाते हुए)* नहीं, यह नहीं चलेगा। यह नहीं चलेगा। यह धोखा है। यह फ्रॉड है।

[कुछ उत्तेजित कर्मचारी माइक पर पहुँच जाते हैं। वे माइक तोड़ देते हैं। धुरंधर सिंह और उसके साथी जान बचाकर भाग निकलते हैं।]

भगवानदास : *(माइक थामते हुए)* भाइयो! धुरंधर सिंह नामक इस व्यक्ति को संगठन के अध्यक्ष पद से बरखास्त किया जाता है। संगठन

बना रहेगा और अगली बैठक में इसका विधिवत् चुनाव होगा। समाज में कितने ही यूनियनबाज उठाईगीर वेश बदलकर आ गए हैं। वे संघर्ष नहीं, धंधा कर रहे हैं। इनसे बचना होगा। इनसे हम सबको बचना होगा।

[भगवानदास के अंतिम शब्दों के साथ पर्दा गिर जाता है।]

(समाप्त)

डुगडुगी बजाता हुआ मदारी भीड़ का चक्कर काटता है और फिर अपने स्थान पर लौट आता है।

सपनों के मारे ये लोग

पात्र-परिचय

मदारी
जमूरा
ईश्वरदास
शांति देवी
रामदुलारी

[पार्क के सामने पड़े खाली स्थान से डुगडुगी बजने की आवाज आती है। सड़क पर आ-जा रहे लोग ठिठककर देखते हैं। एक व्यक्ति, जिसने मटमैली धोती और बेलदार काला कुर्ता पहन रखा है, जोर-जोर से डुगडुगी बजा रहा है। व्यक्ति के साथ तेरह-चौदह वर्ष का एक लड़का है, जिसने ऊँचा कुर्ता और चौड़े पायँचोंवाला पाजामा पहन रखा है। डुगडुगी की आवाज पर बच्चे और बड़े उस व्यक्ति के चारों ओर एक दायरे में धीरे-धीरे जमा होने लगते हैं। व्यक्ति अपने साथवाले लड़के को मजमे के बीचोबीच एक मोटी सी चादर ओढ़ाकर जमीन पर लिटा देता है। लड़के का मुँह और पाँव पूरी तरह चादर में लिपटे हुए हैं। डुगडुगी बजानेवाला व्यक्ति मदारी है और मजमे के बीचोबीच लेटा हुआ किशोर जमूरा।]

मदारी : *(डुगडुगी बजाते हुए)* बोलो बेटा, तुम कौन?

लड़का : *(कड़क आवाज में)* मदारी, मैं हूँ जमूरा।

मदारी : *(डुगडुगी बजाते हुए)* बोल जमूरे, हम कौन?

जमूरा : *(चादर के अंदर से ही)* उस्ताद, तुम हो मदारी।

मदारी : जो पूछेगा, बताएगा?

जमूरा : हाँ मदारी, बताएगा।

[डुगडुगी बजाता हुआ मदारी भीड़ का चक्कर काटता है और फिर अपने स्थान पर लौट आता है।]

मदारी : *(भीड़ को संबोधित करते हुए)* बड़ा लोग शांत खड़ा रहो, बच्चा लोग ताली बजाओ।

[पंक्ति में बैठे हुए बच्चे तालियाँ बजाते हैं।]

मदारी : *(मजमे में से एक नेता टाइप सफेद कुर्ताधारी व्यक्ति को हाथ से पकड़कर मदारी अपने पास ले आता है)* बोल जमूरे, जो हम पूछेगा, वह बताएगा?

जमूरा : बताएगा।

मदारी : तो बता, कौन खड़ा है मेरे पास?

जमूरा : थारे पास खड़ा है सपनों का मारा बाबू चंदूलाल। क्यों, ठीक बोल रहा हूँ ना?

मदारी : ठीक बोल रहा हैं, जमूरे! बता, क्या करता है यह?

जमूरा : यह मत पूछ मदारी, यह क्या करता है? यह पूछ, यह क्या नहीं करता है?

मदारी : बोल जमूरे, यह क्या नहीं करता है?

जमूरा : यह सपने देखना नहीं छोड़ता है, मदारी। यह सपने देखता है, लेकिन सपने खरीदने की क्षमता नहीं रखता। इसीलिए यह कुर्ताधारी होकर भी सत्ताधारी नहीं है।

मदारी : *(भीड़ की ओर देखकर डुगडुगी बजाते हुए)* बड़ा लोग कान खोलकर सुनो, बच्चा लोग ताली बजाओ।

[दायरे में बैठे हुए बच्चे तालियाँ बजाते हैं।]

मदारी : बाबू के सपनों का बखान कर, जमूरे! कैसे-कैसे सपने देखे हैं इसने?

जमूरा : मदारी, यह मत पूछ कि कैसे-कैसे सपने देखे हैं इसने! यह पूछ कि कैसे-कैसे सपने नहीं देखे हैं इसने!

मदारी : अच्छा, खोल इसके सपनों की पोटली!

जमूरा : जवान होते ही नेता बनने का सपना देखा इसने। लंबा कुर्ता धारण किया। नेताकट टोपी लगाई। गांधी मार्का धोती चढ़ाई। 'राष्ट्रीय ज़नमोर्चा' नामक दल में भरती हुआ। बड़े नेताओं के तलवे चाटे। जनसभाओं में दरियाँ बिछाईं। स्वागत-द्वार बनवाए, पर चुनाव लड़ने के लिए टिकट नहीं पा सका। इसका सपना था कि यह सेवा के बदले में मेवा पाएगा, यानी टिकट प्राप्त कर लेगा। टिकट प्राप्त कर चुनाव लड़ेगा। चुनाव लड़कर संसद् में जाएगा। संसद् में जाकर मंत्री बनेगा। मंत्री बनकर अपना भाग्य सुधारेगा।

मदारी : *(डुगडुगी बजाते हुए)* पर ऐसा क्यों नहीं हुआ, जमूरे? चंदूलाल पिछड़ क्यों गया?

जमूरा : चंदूलाल के पास सेवा थी, मेवा नहीं थी, मदारी।

मदारी : मेवा से तेरा क्या मतलब है, जमूरे?

जमूरा : चंदूलाल के पास धन नहीं था, मदारी। सपनों से भरा एक मन था और मन को तो तू जानता ही है मदारी, मन से तो कफन भी नहीं खरीदा जा सकता।

मदारी : धन होता तो यह क्या करता, जमूरे?

जमूरा : अपने राष्ट्रीय नेता को पाँच-दस लाख पकड़ाता, मदारी। चुनाव लड़ने के लिए सबको पटखनिया मारकर दनदनाते हुए टिकट लाता। टिकट लाकर अपने क्षेत्र के दस्यु सरदार होरी सिंह और उसके गिरोह को आमंत्रित करता। उसके सामने मदिरा का ड्रम खोल देता। कहता, माईबाप! अब अपनी लाज थारे हाथ है।

मदारी : फिर यह और क्या करता, जमूरे?

जमूरा : फिर यह अपने क्षेत्र के पुलिस कर्मचारियों और पुलिस-अधिकारियों को मुर्गा खिलाता और स्वयं गुर्गा बनता।

मदारी : धन होता तो और यह क्या करता, मदारी?

जमूरा : पब्लिसिटी।

मदारी : फिर क्या होता, जमूरे?

जमूरा : फिर चंदूलाल भारी मतों से जीतता। एम.पी. बनकर संसद् में पहुँचता। संसदीय दल के नेता की चंपी करता। मंत्री बनता। धन लगाकर धन कमाता। धन कमाकर नाम कमाता। नाम कमाकर राम नाम जपता।

मदारी : बस-बस, रहने दे, जमूरे। तूने इस सारे बखेड़े में जनता को खारिज कर दिया। जनता तो सर्वोपरि है, जमूरे।

जमूरा : जनता परी है मदारी, सर्वोपरि नहीं। इस परी को बोतल में उतार लेता है धन-दौलतवाला। तब जनता की परी सर्वोपरि बन जाती है। समझा मदारी?

मदारी : समझा जमूरे!

जमूरा : तभी तो कहता हूँ, मदारी, सपने देखकर पूरे नहीं किए जाते। खरीदकर पूरे किए जाते हैं। चंदूलाल सपने देखता रहा, उन्हें खरीद नहीं सका। इसलिए चंदूलाल के पास कुर्ता-धोती तो रह गया, राजनीति नहीं रही।

मदारी : बोल जमूरे! अब क्या करना चाहिए बाबू चंदूलाल को?

जमूरा : अफीम का अंटा खाना और सो जाना चाहिए, मदारी। बड़े लोग कह गए हैं– आराम बड़ी चीज है, मुँह ढककर सोइए।

[मदारी फिर जोर-जोर से डुगडुगी बजाता है। मजमे को संबोधित करके कहता है।]

मदारी : बड़ा लोग कान खोलकर सुनो। बच्चा लोग ताली बजाओ।

[जमीन पर दायरे में बैठे बच्चे ताली बजाते हैं। मदारी भीड़ में से पकड़कर एक नवयुवक को खींचकर लाता है। युवक मदारी के पास चुपचाप खड़ा हो जाता है।]

मदारी : *(डुगडुगी बजाते हुए जमूरे से)* बोलो जमूरे, तुम कौन?

जमूरा : मदारी, मैं हूँ जमूरा।

मदारी : बोल जमूरे, हम कौन?

जमूरा : उस्ताद! तुम हो मदारी।

मदारी : जो पूछेगा, बताएगा?

जमूरा : बताऊँगा, मदारी।

मदारी : *(जोर-जोर से डुगडुगी बजाते हुए)* बोल जमूरे, कौन खड़ा है मेरे पास?

जमूरा : तेरे पास एक युवक खड़ा है, मदारी।

मदारी : बोल, क्या नाम है इसका?

जमूरा : इसका नाम धनीराम है, मदारी।

मदारी : बोल जमूरे! कितना धन है इसके पास?

जमूरा : धन नहीं है इसके पास। यह निर्धन है, मदारी।

मदारी : बता जमूरे! क्या करता है यह?

जमूरा : नौकरी के लिए प्रार्थना-पत्र देता है और नौकरी मिलने की प्रतीक्षा करता है।

मदारी : यह और क्या करता है, जमूरे?

जमूरा : यह भी चंदूलाल की तरह सपने देखता है, मदारी।

मदारी : कौन से सपने देखता है यह? बोल जमूरे!

जमूरा : यह वही सपने देखता है, जो इस जैसे और युवक देखते हैं। ये कल्पना करते हैं कि इन्हें कोई अच्छी नौकरी मिलेगी, वेतन मिले, ऊपर की आमदनी होगी। ऊपर की आमदनी इन्हें नीचे से उठाकर ऊपर पहुँचाएगी। ऊपर पहुँचकर यह अपना बँगला बनाएगा, किसी सुंदर युवती से विवाह रचाएगा। युवती इसे और ऊपर ले जाने के लिए सीढ़ी बनेगी, और यह सीढ़ी उसे उसके भविष्य तक पहुँचाएगी।

मदारी : पर इसके सपने पूरे क्यों नहीं होते, जमूरे?

जमूरा : इसके पास धन नहीं है, मदारी। यह खरीद नहीं सकता है।

मदारी : बोल जमूरे! इस समय क्या है इसकी जेब में?

जमूरा : मदारी इस समय इसकी जेब में पाँच रुपए का एक फटा नोट है, जिसे बीच में टेप से जोड़ा गया है।

मदारी : *(जोर-जोर से डुगडुगी बजाते हुए)* धनीराम, अपनी जेब दिखाओ, ताकि जमूरे का सच-झूठ सामने आ जाए।

धनीराम : नहीं मदारी, जेब तो नहीं दिखाऊँगा मैं।

अपन के देश में जाली नोट चल सकता है। जाली आदमी भी चल सकता है, पर फटा आदमी नहीं।

जमूरा : मालदारी का दिखावा सब करते हैं, मदारी। गरीबी का दिखावा कोई नहीं करता। गरीबी को पाप की तरह छिपाया जाता है। मालदारी को बीच सड़क पर दिखाया जाता है। इसलिए मदारी छोड़ दे इसे।

मदारी : इसे छोड़ूँगा नहीं, जमूरा। गरीबी पेट खोलकर सामने नहीं आएगी तो क्रांति बहुत लेट हो जाएगी, जमूरे।

[मदारी बातों-बातों में धनीराम की जेब से पाँच का फटा नोट बाहर निकाल लेता है और जोर से डुगडुगी बजाते हुए नोट को हवा में लहराकर जमूरे से पूछता है।]

मदारी : बोल जमूरे! क्या है मेरे हाथ में?

जमूरे : तेरे हाथ में इस नौजवान का फटा नोट है, मदारी।

मदारी : बोल जमूरे! क्या कीमत है इसकी?

जमूरा : इसकी वही कीमत है, मदारी, जो इसके मालिक की है। यह तो फटा नोट है ही, इसका मालिक भी फटा नोट है। जो नोट फट जाता है, वह चलता नहीं, मदारी। न यह चल सकता है, न इसका मालिक।

मदारी : फिर क्या चल सकता है, जमूरे?

जमूरा : अपन के देश में जाली नोट चल सकता है, मदारी। जाली आदमी भी चल सकता है, पर फटा आदमी नहीं।

मदारी : तू सच कहता है, जमूरे! धनीराम जाली आदमी होता और इसकी जेब का नोट जाली नोट होता तो बिना जालसाजी के भी चल सकता था, पर अब नहीं चलेगा, क्योंकि नोट भी फटा है और नोटवाला भी फटा है।

जमूरा : तू ठीक कहता है, मदारी। फटे जूते से भी गया-गुजरा होता है कटा-फटा आदमी।

मदारी : वह कैसे, जमूरे?

जमूरा : फटे जूते को तो कबाड़वाले ले जाते हैं औने-पौने में, पर फटेहाल आदमी को कोई नहीं पूछता है, मदारी।

मदारी : पर इसके सपनों का क्या होगा, जमूरे?

जमूरा : मैंने कहा ना, जमूरे, सपने देखने से पूरे नहीं होते, खरीदने से पूरे होते हैं। सपने साकार करनेवालों की मुट्ठी गरम करने के लिए धनीराम के पास कुछ नहीं है, इसलिए यह जूतियाँ चटखाएगा और जंगल के फूल की तरह मुरझाएगा। यह रात के अँधेरे में अपना फटा नोट चलाना चाहेगा। नोट नहीं चलेगा, इसलिए इसे एक समय का भोजन भी नहीं मिलेगा।

मदारी : तब इसे क्या करना चाहिए, जमूरे?

जमूरा : पदयात्रा। पदयात्रा ही इसके भाग्य में लिखी है, मदारी।

[मदारी चारों तरफ घूम-घूमकर डुगडुगी बजाता है। वह बार-बार दोहराता है।]

मदारी : बड़ा लोग कान खोल के सुनो। बच्चा लोग ताली बजाओ।

[चारों तरफ जमीन पर बैठे बच्चे तालियाँ बजाते हैं। मदारी घूमकर जमूरे के सिरहाने एक अधेड़ उम्र के व्यक्ति को खींच लाता है। वह व्यक्ति जमूरे के पास चुपचाप खड़ा है।]

मदारी : बोल जमूरे, तू कौन?

जमूरा : उस्ताद, मैं हूँ जमूरा।

मदारी : बोल जमूरे! हम कौन?

जमूरा : उस्ताद! तुम हो मदारी।

मदारी : जो पूछेगा, बताएगा?

जमूरा : हाँ मदारी, बताएगा।

मदारी : जमूरे, सच बोलेगा या झूठ बोलेगा?

जमूरा : सौ प्रतिशत सच, मदारी।

मदारी : सच न बोला तो क्या सजा मिलेगी तुझे?

जमूरा : याद रख, मदारी, जमूरा सच नहीं बोलेगा तो और क्या बोलेगा? सच न बोलूँ तो सौ जूते और हुक्के का पानी।

मदारी : और रोटी?

जमूरा : सारी रोटियाँ तो मदारी लोग खा गए।

मदारी : अच्छा बता, अब यह कौन व्यक्ति खड़ा है मेरे पास?

जमूरा : यह एक और सपनों का मारा व्यक्ति है, मदारी। इसका नाम है ईश्वरदास। पहले के दोनों लोगों की तरह सपनों ने मार डाला है इसे भी।

मदारी : वह कैसे जमूरे? सच-सच बोल।

जमूरा : ईश्वरदास नहीं जानता कि खाली जेब और खाली पेटवालों को सपने नहीं देखने चाहिए। घातक जहर की तरह होते हैं उनके लिए ये सपने।

मदारी : तू क्या कह रहा है, जमूरे? बात को खोलकर कह।

जमूरा : हाथ कंगन को आरसी क्या और पढ़े-लिखे को फारसी क्या?

मदारी : पहेलियाँ मत बुझा! जमूरे, जो कहना है, साफ-साफ कह। बता कि ईश्वरदास के सपने क्या हैं?

जमूरा : ईश्वरदास की संतान केवल एक बेटी है, मदारी। ईश्वरदास बेचारा वर्षों से यह सपना देख रहा है कि अपनी बेटी के लिए एक ऐसा वर ढूँढ़ेगा, जो उसके पास घर-जँवाई बनकर रहे। उसकी सेवा करे, अपनी सास की सेवा करे, अपनी पत्नी की सेवा करे। सपने में एक सज्जन युवक की कल्पना की थी इसने।

मदारी : पर यह सपना पूरा क्यों नहीं हुआ, जमूरे?

जमूरा : खाली घड़े में तो चूहा भी छलाँग नहीं लगाता है, मदारी। वर तो वर है, वह भला कैसे छलाँग लगा सकता है?

मदारी : ईश्वरदास का घड़ा खाली कैसे रह गया, जमूरे? यह भी बोल।

जमूरा : मदारी, ईश्वरदास तो जीवन भर ईश्वर का दास रहा। किसी सेठ-साहूकार का दास होता, किसी अधिकारी, सत्ताधारी का दास होता, किसी करोड़पति, अरबपति का दास होता, तो उसकी रसोई का खाली घड़ा ठसाठस भरा होता। घड़ा ठसाठस भरा होता तो उसमें चूहा तो क्या, अच्छे और हट्टे-कट्टे घर-जँवाई बनने के इच्छुक वर छलाँग लगाने और अपना भाग्य आजमाने के लिए तैयार हो जाते। खाली हाथ तो मुँह तक भी नहीं जाता है, मदारी।

मदारी : बात तो तू बिलकुल ठीक बोल रहा है, जमूरे, पर अब यह

बेचारा ईश्वरदास क्या करे?

जमूरा : वही करे, जो जनता नाम की भीड़ हजारों साल से करती आई है– यानी छलनी में दुहना और भाग्य को कोसना।

मदारी : *(डुगडुगी बजाते हुए)* तब जमूरे! ऐसे में क्या करना चाहिए ईश्वरदास को?

जमूरा : कुछ नहीं करना चाहिए, मदारी। जनतावाले कुछ करने की स्थिति में आएँ तो कुछ करें। ईश्वरदास पाँच लाख दहेज कहाँ से दे? पाँच सौ रुपए का नोट भी नहीं है इसके पल्ले तो। पाँच लाख होते तो अपने सपने खरीद सकता था, बेटी के हाथ पीले कर सकता था। अब तो बस, यह सपने देख सकता है और सपनों की दहलीज पर जान दे सकता है।

मदारी : इसकी समस्या का कोई और हल, जमूरे?

जमूरा : हल तो खुद इसके पास है, पर इसे सूझ नहीं रहा है, मदारी।

[ईश्वरदास वापस दर्शकों के बीच जा खड़ा होता है। मदारी डुगडुगी बजाते हुए चारों ओर खड़े मजमे के पास से गुजरता है और चादर में लिपटे जमूरे के सिरहाने जा खड़ा होता है।]

मदारी : *(मजमे को संबोधित करते हुए)* बड़ा लोग कान खोलकर सुनें, बच्चा लोग तालियाँ बजाएँ।

[तालियाँ बजती हैं तो मदारी मजमे का एक राउंड और लगाता है और भीड़ में से एक जवान महिला को खींचकर अपने बराबर ला खड़ा करता है।]

मदारी : बोलो बेटा, तुम कौन?

जमूरा : देखो उस्ताद, मैं हूँ जमूरा।

मदारी : बोलो जमूरे, हम कौन?

जमूरा : उस्ताद, तुम हो मदारी।

मदारी : जो पूछेगा, बताएगा?

जमूरा : हाँ मदारी, बताएगा।

मदारी : झूठ बताएगा या सच बताएगा?

जमूरा : मदारी, झूठ तो राजनीति के मंच पर बोला जाता है। झूठ तो मंत्री के दरबार में बोला जाता है। झूठ तो जनता की सरकार में बोला जाता है। झूठ तो धर्मगुरुओं के, तांत्रिकों के दरबार में बोला जाता है। जमूरे की भीड़ में झूठ नहीं बोला जाता है, मदारी।

मदारी : बोल जमूरे, तूने अगर झूठ बोला तो क्या दंड मिलेगा तुझे?

जमूरा : सौ जूते और हुक्के का पानी।

मदारी : *(डुगडुगी बजाते हुए)* बोल जमूरे, यह कौन महिला खड़ी है तेरे कने?

जमूरा : आशा देवी इसका नाम है, मदारी। यह एक नारी है सपनों की मारी।

मदारी : क्या-क्या, सपने देखे हैं इसने? इसका सारा कच्चा चिट्ठा खोल, जमूरे।

जमूरा : इसने पहले प्यार करने का सपना देखा था, मदारी। फिर इसने बगल में रहनेवाले से प्यार किया। प्यार की बेल परवान चढ़ गई।

मदारी : फिर क्या हुआ, जमूरे? आगे बोल।

जमूरा : वही हुआ मदारी, जो अब तक होता आया है।

मदारी : क्या होता है, जमूरे? खुलकर बोल।

जमूरा : आशा देवी एक रात चुपके से फरार हो गई अपने प्रेमी के साथ। इसने सोचा था कि अपने प्रेमी से शादी रचाएगी, पहले कोर्ट में, फिर आर्यसमाज मंदिर में और इस प्रकार शादी रचाकर पूरे समाज को धता बताएगी। इसने सोचा था कि वे दोनों मिलकर एक छोटा सा प्रेम भरा घर बसाएँगे। हँसी-खुशी से रहेंगे। इनकी संतानें होंगी। सुख के साधन होंगे।

मदारी : फिर क्या हुआ इसके साथ, जमूरे?

जमूरा : वही हुआ मदारी, जो अब तक होता आया है।

मदारी : खुलकर बात बता, जमूरे, टाल मत।

जमूरा : टाल नहीं रहा हूँ, मदारी। आशा देवी अपने प्रेमी के साथ भागकर दिल्ली के एक होटल में ठहरी। प्रेमी ने पूछा, बोल

मेरी जान, क्या-क्या लाई है घर से? शांति ने अपने साथ लाई हुई पोटली खोल दी।

मदारी : पोटली में से क्या निकला, जमूरे?

जमूरा : पोटली खुली तो उसमें दो जोड़ी पुराने कपड़े, कंघा, नेल पॉलिश, पाउडर और हेयर ऑयल की छोटी शीशी थी।

मदारी : फिर क्या हुआ, जमूरे?

जमूरा : फिर क्या होना था, मदारी? प्रेमी यह देखकर आपे से बाहर हो गया। बोला, बस इस बल पर घर से निकली थी, न पैसा, न धेला, न जेवर, न डॉलर, न झालर, और तो और किसान विकास-पत्र भी नहीं।

मदारी : फिर क्या हुआ, जमूरे?

जमूरा : फिर क्या होना था, मदारी! आधी रात को आशा देवी जब गहरी नींद में सो रही थी, तब इसका प्रेमी होटल से फरार हो गया और यह बेचारी सपने देखती रह गई।

मदारी : बोल जमूरे, साकार क्यों नहीं हो पाए इसके सपने?

जमूरा : इसके भी सपने पूरे नहीं हो पाए, मदारी, जिस कारण कई दूसरे लोगों के सपने नहीं हुए उसी कारण।

मदारी : चलताऊ बात मत कर, जमूरे! खुलकर बात बता।

जमूरा : बता तो चुका हूँ, मदारी। औरों की तरह इसमें भी सपने देखने की क्षमता तो थी, पर खरीदने की क्षमता नहीं थी। जो सपने देखता है, खरीद नहीं पाता, वह सपनों का विष पी-पीकर मर जाता है।

मदारी : तू ठीक कह रहा है, जमूरे!

[मदारी डुगडुगी बजाता हुआ एक और चक्कर मजमे के चारों ओर लगाता है। चक्कर लगाते हुए मदारी फिर वही वाक्य दोहराता है, जो अब तक दोहराता आया है।]

मदारी : *(ढोलक बजाते हुए)* बड़े-बड़े लोग कान खोलकर सुनें, बच्चे ताली बजाएँ।

(जमीन पर उकड़ूँ बैठे हुए बच्चे ताली बजाते हैं। मदारी भीड़

में से एक अधेड़ औरत का पल्लू पकड़कर अपने साथ खींच लाता है। महिला मजमे के बीचोबीच खड़ी है।]

मदारी : बोल जमूरे! अब कौन खड़ा है तेरे सिरहाने?

जमूरा : मेरे सिराहने अब एक और महिला खड़ी है, मदारी। यह भी एक नारी है, सपनों की मारी है– बेचारी, रामदुलारी।

मदारी : बोल जमूरे! क्या सपने देखे थे इसने?

जमूरा : इसने वही सपना देखा था, जो भारत की हर महिला देखती है।

मदारी : टालू बात मत कर, जमूरे! साफ-साफ बोल।

जमूरा : साफ-साफ ही बोल रहा हूँ, मदारी। एक सुखी वैवाहिक जीवन का सपना देखा था इसने। चाहनेवाला पति, दुःख-सुख का ध्यान रखनेवाली सास। आठ लाख खर्च किए थे शादी में इसके पिता ने। रामदुलारी खुश थी, पर अब खुश नहीं है।

मदारी : बोल जमूरे! अब क्यों खुश नहीं है रामदुलारी?

जमूरा : इसका तलाक हो गया है, मदारी।

मदारी : तलाक हो गया? तलाक क्यों हो गया, जमूरे? किस्सा बयान कर।

जमूरा : शादी के दो साल बाद रामदुलारी ने एक कन्या को जन्म दिया, जो मर गई या मार दी गई। तीन वर्ष बाद रामदुलारी ने फिर एक कन्या को जन्म दिया; लेकिन वह भी मर गई या मार दी गई। तीसरी बार गर्भ होने पर इसकी जाँच कराई गई, मदारी। मशीन ने कहा, पेट में कन्या है। परिवार में कन्या को लेकर विवाद छिड़ गया। पति बोला, तेरी कोख में तो हर बार लड़की ही ढलती है री! एक और विवाह करूँगा मैं। रामदुलारी बोली, इसमें मेरा क्या वश है जी, भगवान् की मरजी। बस, पति ताव खाकर बोला कि इस घर में भगवान् की नहीं, हमारी मरजी चलेगी। उठ और चल गर्भपात कराने के लिए मेरे साथ। यह नहीं गई।

मदारी : तलाक क्यों हो गया, जमूरे?

जमूरा : ससुर ने माँग की कि जन्म लेनेवाली कन्या का विवाह करने

के लिए मायके से एक लाख रुपए लाकर दे। रामदुलारी एक लाख रुपए लाकर नहीं दे सकी। उसे तलाक मिल गया। यह एक लाख रुपया ला सकती तो अपनी सुखद गृहस्थी का सपना पूरा कर सकती थी, मदारी।

मदारी : तूने सच कहा, जमूरे?

[दायरे में बैठी भीड़ का एक और चक्कर डुगडुगी बजाते हुए मदारी ने लगाया। खड़े हो गए बच्चों को उसने बैठा दिया।]

मदारी : बड़े लोग ध्यान से सुनें, बच्चे लोग ताली बजाएँ।

[बच्चे मदारी के कहने पर ताली बजाते हैं। मदारी मजमे में से अस्सी साल के एक कमजोर बूढ़े को खींच लाता है और डुगडुगी बजाते हुए जमूरे से पूछता है।]

मदारी : बोल जमूरे, अब कौन खड़ा है तेरे सिरहाने?

जमूरा : यह रायबहादुर मलखान सिंह हैं, मदारी।

मदारी : कुछ और बता इनके बारे में।

जमूरा : इससे अधिक इनका अता-पता और क्या होगा कि यह भी सपनों के मारे हुए रायबहादुर हैं।

मदारी : बोल जमूरे! क्या सपना देखा था रायबहादुर जी ने?

जमूरा : सारा धन बेटों की लिखाई-पढ़ाई और उन्हें स्थापित करने के बाद इन्होंने सोचा था कि बेटे बुढ़ापे में इनकी सेवा करेंगे, पर एक बेटा अमेरिका जा बैठा और दूसरा ब्रिटेन। पहले चिट्ठी तो आ जाती थी, अब चिट्ठी भी नहीं आती। रायसाहब नौलक्खी नहीं रहे तो मक्खी भी नहीं भिनभिनाती हैं अब इनके कान पर। धन होता तो संबंध बना रहता बेटों से। अब सपने देखते हैं, पर सपने खरीद नहीं सकते। अब न पहले वाली बात है, न मुँह में दाँत हैं। शांत नहीं हैं, अशांत हैं।

मदारी : बोल जमूरे! इन सबके लिए तेरा कोई संदेश!

जमूरा : हाँ मदारी, इनसे बोलो–

पैसा ही नान-भात है, पैसा ही दाल है
पैसा न हो तो आदमी, चरखे की माल है

मदारी : *(जोर-जोर से डुगडुगी बजाते हुए)* भाइयो, बहनो, जवानो, मेहरबानो, तुमने सच का सच्चा दृश्य देखा। सावन की बरखा और जमूरे का परखा कभी खाली नहीं जाता। तो भाइयो, अपने इस जमूरे को सच बोलने और सच-झूठ निकालने का उपहार दो। बड़ा लोग दो-दो रुपैया, बच्चा लोग एक-एक रुपैया।

आवाजें : *(भीड़ से कई आवाजें)* सच की यहाँ कोई कौड़ी नहीं उठती है, मदारी। झूठ बिकता है इस दुनिया में, एकदम सफेद झूठ। बिस्तर-बोरिया लपेटो और जाकर हवा फाँको।

[जमूरा भीड़ की बात सुनकर चादर उतारता हुआ खड़ा हो जाता है, और भीड़ के लोग एक-एक करके हटने लगते हैं। जमूरा कान पर हाथ रखकर गाता है–

वह चले झटक के दामन, वो चले झटक के दामन,
कभी सच न बोलना मेरे मन, कभी सच न बोलना मेरे मन।

(समाप्त)

नहीं बेटा! अब मुझे कहीं नहीं जाना है। परमात्मा बुलाएगा तो परलोक ही जाएँगे अब तो।

प्रतीक्षा रोग

पात्र-परिचय

प्यारेलाल	:	पिता
अनिरुद्ध	:	पुत्र
नीतू	:	पुत्रवधू
कुंती	:	अनिरुद्ध की माँ
सीता	:	अनिरुद्ध की ताई
राधा	:	नौकरानी
प्रीति, शरद और बबली	:	अनिरुद्ध के बच्चे

[गाँव का एक छोटा सा घर है। सुतली से बुनी गई खाट पर प्यारेलाल धोती-कुरता पहने बैठा है। खाट के पास ही रखे मोढ़े पर अनिरुद्ध बैठा हुआ है। वह पैंट-सूट पहने हुए है। सामने छप्पर के उसारे में अनिरुद्ध की बूढ़ी माँ दही बिलो रही है। बिलोने की आवाज घर में गूँज रही है। आँगन के एक कोने में प्यारेलाल की गाय बँधी है। सामने चारा पड़ा है। बगल की रसोई में अनिरुद्ध की विधवा ताई सीता रसोई में है।]

अनिरुद्ध : अब दो-चार महीने के लिए चलो, पिता जी! शहर में रहना, मन लग जाएगा बच्चों के साथ।

प्यारेलाल : नहीं बेटा! अब मुझे कहीं नहीं जाना है। परमात्मा बुलाएगा तो परलोक ही जाएँगे अब तो।

अनिरुद्ध : नहीं पिता जी! मैं नहीं मानूँगा। इस बार तो ले ही चलूँगा आपको अपने साथ।

प्यारेलाल : बेटा, जिद मत कर। अब बुढ़ापे में कहीं जाने का मजा ही क्या रह गया है! तुझे पाल-पोस दिया, पढ़ा-लिखा दिया, रोजगार से लगा दिया। गृहस्थी बस गई तेरी। बस, मुझे संतोष है। इससे ज्यादा क्या चाहिए!

अनिरुद्ध : कुछ दिन अपने पोते-पोती के पास भी रह लीजिए, पिताजी। वे सब दादा-दादा रटते रहते हैं। उन्हें कितना अच्छा लगेगा आपका वहाँ रहना।

[अनिरुद्ध की माँ कुंती मट्ठे के दो गिलास और एक थाली में गुड़ लेकर आ जाती है।]

कुंती : ले रे अनिरुद्ध! ताजा-ताजा मट्ठा पी। दिल्ली में कहाँ मिलता होगा तुझे!

[दोनों मट्ठे का गिलास हाथ में लेकर पीने लगते हैं।]

प्यारेलाल : देख रही है, कुंती! लड़का कैसी जिद कर रहा है अपने साथ ले जाने की। कहता है, बच्चे दादाजी को याद करते हैं। भला इस बुढ़ापे में कहाँ जाऊँगा! मैं तो यही चंगा हूँ री!

कुंती : लड़का जिद कर रहा है तो देख आओ दिल्ली, पंद्रह-बीस दिन को।

प्यारेलाल : तू भी बेटे की हाँ में हाँ मिलाने लगी, कुंती! क्या तेरा भी जी ऊब गया है इस बुड्ढे खूसट से।

कुंती : कैसी बात कह रह हो, जी? मैं तो बोल रई थी, कुछ दिन पोते-पोतियों में रहोगे तो तुम्हारा मन बहल जावेगा।

प्यारेलाल : यहीं कौन सा मेरा मन उचाट हो रहा है, कुंती। भोर में उठ जाता हूँ। सूरज उगने से पहले ही नहा-धोकर मंदिर चला जाता हूँ। फिर गैया की सेवा करता हूँ। चारा-पानी करता हूँ उसका। फिर गाँव के दो-चार आदमी आ बैठते हैं, उनके संग बतियाता हूँ। उनकी सुनता हूँ, अपनी कहता हूँ। मन में

आया तो खेत-खलिहानों की ओर निकल जाता हूँ। दोपहर में भोजन करके घंटे-दो घंटे सो रहता हूँ। साँझ को फिर अपनी गैया की सेवा में।

अनिरुद्ध : *(पिता की बात काटते हुए)* पिताजी, आपको पोते-पोतियों से ज्यादा गैया प्यारी है, है ना!

प्यारेलाल : यह बात नहीं है, बेटे! इस बुढ़ापे में गीदड़ नहीं बनना चाहता हूँ।

अनिरुद्ध : यह गीदड़ वाली क्या बात है, पिताजी!

प्यारेलाल : अरे मूरख! गीदड़ की मौत आती है तो वह शहर की ओर भागता है।

[प्यारेलाल की बात पर तीनों हँसते हैं। रसोई से निकलकर सिर को साड़ी के पल्लू से अच्छी तरह ढाँपती सीता सामने की खाट पर आ बैठती है।]

अनिरुद्ध : क्यों ताई! तू भी तो दे अपनी सलाह। मैं पिताजी से कह रहा हूँ, महीने-दो-महीने रह आओ दिल्ली, पोते-पोतियों के पास।

सीता : प्रीति तो अब बड़ी हो गई है। शरद भी चार साल का है। दो वर्ष की बबली भी होगी, होगी ना!

अनिरुद्ध : हाँ ताई! सभी दादा-दादा रटते रहते हैं। कुछ दिन उनके पास रह लेंगे तो इसमें बुरा क्या है?

सीता : बालक दादा को तो याद करते हैं, अनिरुद्ध, दादी को कोई याद ना करे है ना!

प्यारेलाल : *(हँसता है)* बिलकुल ठीक कह रही हैं, भाभी। बेटा, तू इसे और अपनी माँ को ले जा! इस बेचारी की गोद जीवन भर सूनी रही। तेरे बच्चों में हँस-खेलकर गुजार लेगी कुछ दिन।

सीता : *(तनिक लज्जित होते हुए)* नहीं देवर जी, मेरा मतलब यह थोड़े ही है। तुम्हें ले जा रहा है अनिरुद्ध तो महीना-बीस दिन को रह आओ ना दिल्ली।

प्यारेलाल : बुढ़ापा बुरा आपा होता है, भाभी! तू भी कुंती की तरह ऊब गई लगती है मुझसे।

सीता : ऐसा मत बोलो, देवर जी। मेरे लिए संसार में और है ही कौन?

प्यारेलाल : अच्छा भाभी, अगर मैं अनिरुद्ध के साथ चला भी जाता हूँ तो तुम दोनों बुढ़ियाँ अकेली कैसे रहोगी घर में?

कुंती : खटका तो जवान औरतों को होता है, बुढ़ियों को क्या खटका?

प्यारेलाल : याद नहीं कुंती, गए साल अखबार में छपा था कि एक सौ छह साल की बुढ़िया के साथ बलात्कार हुआ है दिल्ली में।

सीता : और देवर जी, यह भी क्या पता है कि ऐसे ही उड़ा दी हो अखबारवालों ने।

प्यारेलाल : ऐसे बिलकुल बे-पर की नहीं उड़ाते हैं अखबारवाले।

अनिरुद्ध : पर पिता जी, वह घटना तो एक पुश्तैनी दुश्मनी के कारण हुई थी।

प्यारेलाल : *(दुःखी स्वर में)* पशु से भी गया-गुजरा हो गया आदमी। बलात्कार को भी बदला लेने का हथियार मानता है।

कुंती : और वह भी सौ साल की बुढ़िया से, अपनी नानी-दादी से!

सीता : गाँव में तो अब भी बूढ़ी औरतें अपने-पराए सबकी नानी-दादी ही कहलावे हैं। जो भी आता-जाता मिलेगा यही बोलेगा, राम-राम दादी, राम-राम नानी।

अनिरुद्ध : पर चाची, आदमी बदले की भावना में बावला हो जाता है।

प्यारेलाल : बेटे, यह तो बात ठीक है, पर बदले के कुछ और भी तरीके हो सकते हैं।

अनिरुद्ध : हाँ पिताजी! पर आदमी जब नीचता पर आता है तो वो कुछ भी कर बैठता है।

प्यारेलाल : इसीलिए तो कहता हूँ कि मैं दिल्ली-बिल्ली कहीं नहीं जाता। यहीं घेरे पड़ा रहूँगा इन तीनों गैयों को।

अनिरुद्ध : तीनों गैयों को!

प्यारेलाल : हाँ, हाँ! बेटे, दो गैया तो ये बैठी हैं, तेरी ताई और माँ। तीसरी गैया वह बँधी है खूँटे से। मैं तो बस, रखवाला हूँ इनका।

कुंती : बस, अब रहने भी दो। साँझ से पड़कर जो खर्राटे लेते हो तो भोर से पहले करवट तक नहीं लेते। क्या रखवाली करते

हो हमारी!

प्यारेलाल : अरी बावली, पुरुष की हाजिरी ही काफी होती है। वह जो कहा है किसी ने– हाकिम मरा अच्छा, हुकम मरा अच्छा नहीं। गाँव भर को पता रहता है कि प्यारेलाल घर में हैं।

अनिरुद्ध : तब तो पिताजी, आप घर में हों या न हों, हुकम तो आपका रहेगा ही। आपके लिए क्या गाँव, क्या दिल्ली!

[विषय फिर प्यारेलाल को दिल्ली ले जाने पर आकर केंद्रित हो गया।]

कुंती : बेटा जिद कर रहा है तो चले जाओ दो-चार हफ्ते के लिए। इसके साथ दिल ना लगा तो लौट आना पाँच-सात दिन में।

अनिरुद्ध : दिल क्यों नहीं लगेगा, माँ! घर में इनकी प्यारी सी बहू है, पोता है, पोतियाँ हैं। छोटा सा घर है। टी.वी. है, टेलीफोन है। नौकर है। घर से बाहर दिल्ली में लालकिला है, पार्लियामेंट हाउस है, अशोक की लाट है, बिरला मंदिर है, जंतर-मंतर है, चाँदनी चौक का पुराना और कनाट प्लेस का नया बाजार है। दिल लगाने के लिए बहुत सा सामान है दिल्ली में।

कुंती : फिर तो मैं नहीं जाने दूँगी अनिरुद्ध, तेरे पिताजी को। इनका मन वहाँ लग गया तो?

सीता : मन लग गया मत कहो, देवरानी जी। यों कहो कि वहाँ किसी से मन लग गया तो?

[सीता की बात पर सब ठहाका मारकर हँसते हैं।]

प्यारेलाल : *(थोड़ा झेंपते हुए)* अब क्या किसी से मन लगेगा, भाभी, मन तो पहले ही गिरवी पड़ा है कुंती के पास। वह छोड़े तो किसी और के पास गिरवी रखूँ।

कुंती : बोलो, कौन है वह निगोड़ी?

सीता : उसे भी घर ले आओ, देवर जी। एक से दो भली। अकेला चना भाड़ नहीं फोड़ता।

प्यारेलाल : *(छेड़खानी के मूड में)* पर भाभी, भाड़ कहाँ फोड़ेगी कुंती?

यह तो मुझे फाड़ खाएगी, फाड़।

अनिरुद्ध : *(चर्चा समाप्त करने का प्रयास करते हुए)* अच्छा, अब छोड़िए यह भाड़ और फाड़ का चक्कर। आप मेरे साथ चलिए। शांत रहिएगा, संतुष्ट रहिएगा। दूध की जगह बढ़िया सा टॉनिक दूँगा, दही के स्थान पर जेली दूँगा, जाम दूँगा। गंगाजल की जगह पेप्सी दूँगा। कोका कोला दूँगा। चल के देखिए पिताजी, मजा आ जाएगा, मजा।

कुंती : चलो, छोड़ो तकरार। सैर कर आओ दिल्ली की।

सीता : टॉनिक खाकर और पेप्सी पीकर जवान हो जाओगे, देवर जी।

[सीता की बात पर फिर तीनों हँसते हैं।]

प्यारेलाल : अच्छा, तू नहीं मानता है तो चल देख आएँ दिल्ली भी।

[दृश्य बदलता है। सड़कों पर भारी भीड़ इधर-से-उधर भाग रही है। बसों, ट्रकों, स्कूटरों, मोटर-साइकिलों की लंबी-लंबी कतारें लगी हुई हैं। किसी को किसी बात का होश नहीं है। प्यारेलाल एक छोटे से कमरे में बैठा है। यह कमरा समय पड़ने पर ड्राइंग-रूम बन जाता है और समय पड़ने पर स्लीपिंग- रूम भी। पास में सुंदर सी बहू बैठी है। दादा की गोद में शरद पसरा हुआ है। दाईं ओर प्रीति घुसी हुई है। अभी सुबह के सात बजे हैं।]

प्यारेलाल : *(प्रश्न भरे लहजे में)* बेटे, क्या कार्यक्रम है तुम्हारा?

अनिरुद्ध : आज तो इतवार है, पिताजी! आज हम लोग आपको दिल्ली घुमाने ले चलेंगे और कल से फिर अपना वही रुटीन वर्क।

प्यारेलाल : रुटीन वर्क! रुटीन वर्क कैसा, बेटे?

नीतू : यह कल सुबह आठ बजे नाश्ता करके अपने ऑफिस के लिए निकल जाएँगे। साढ़े दस बजे तक ऑफिस में हाजिर होना जरूरी होता है।

अनिरुद्ध : ढाई घंटे लग जाते हैं ऑफिस पहुँचने में।

प्यारेलाल : तो क्या पैदल जाता है, बेटे?

अनिरुद्ध : नहीं पिताजी! जाता तो बस से हूँ, पर अकसर जाम लग जाता है। रेड लाइट का चक्कर अलग। सड़क क्लीयर नहीं मिलती है।

प्यारेलाल : इसका मतलब, बस ने तो और ज्यादा बेबस कर दिया है तुम लोगों को। *(बहू को संबोधित करते हुए)* और बेटी तुम! तुम्हारा क्या कार्यक्रम रहता है?

नीतू : मैं भी साढ़े आठ बजे तक निकल जाती हूँ। मेरे साथ ही बच्चे अपने-अपने स्कूल चले जाते हैं। बबली अभी छोटी है, इसे क्रैच में छोड़ देते हैं। वापसी में साथ ले आते हैं।

प्यारेलाल : पर यह तो बताओ! तुम लोग लौटते कब हो?

नीतू : यह तो सड़कों पर भीड़ और बसों की रफ्तार पर निर्भर है।

प्रीति : *(बड़ों की बात में हस्तक्षेप करते हुए)* आप हमें गाँव की बातें सुनाएँगे ना, बाबाजी!

शरद : दादाजी, मैंने सुना है कि गाँव में डायन होती है, जो बच्चों को पकड़कर खा जाती है।

प्यारेलाल : नहीं बेटे, गाँव में डायन नहीं होती। वहाँ कोई बच्चों को पकड़कर नहीं खाता। शहर की सड़कों पर होती हैं डायनें, वह दिन-रात खाती रहती हैं, बच्चों को भी, बड़ों को भी।

शरद : नहीं तो दादाजी! यहाँ तो नहीं होती हैं ऐसी डायनें।

प्यारेलाल : फिर रात-दिन ये दुर्घटनाएँ जो होती हैं, दर्जनों आदमी जो मरते हैं रोज, यह क्या है?

प्रीति : *(तालियाँ बजाकर जोर से हँसती है)* हाँ दादाजी, आप ठीक बोलते हैं। दिल्ली की सड़कों पर डायनें होती हैं।

शरद : और बाबाजी, गाँव में खेत होते हैं ना। खेतों में गन्ना होता है। गाँव में बाग होते हैं, बागों में फल आते हैं।

नीतू : और बेटे, बागों में जब सावन आता है तो झूले भी पड़ते हैं। लड़कियाँ झूले पर झूलती हैं, खूब।

प्रीति : झूले तो यहाँ भी हैं, मम्मी। पर ते हैं बिजली के। खूब तेज तेज घूमते हैं।

प्यारेलाल : बिजली भाग जाए तो फिर नहीं घूमते हैं वे। तुम जहाँ भी रहोगे, वहीं रह जाओगे, पर हाथ के झूले तो घूमते ही रहते हैं, बिजली हो या न हो।

[मेज पर नाश्ता लग जाता है। सब मिलकर नाश्ता करने में व्यस्त हो जाते हैं। उसके बाद अनिरुद्ध दिन भर अपने पिता, बच्चों और पत्नी को लेकर दिल्ली की सैर कराता है। दोपहर में सब एक रेस्तराँ में लंच के लिए बैठ जाते हैं।]

प्यारेलाल : *(चेहरे पर थकन के आसार)* सैर नहीं, यह तो बैर हो गई बेटे, हमारे साथ।

अनिरुद्ध : क्यों पिताजी, क्या हुआ?

प्यारेलाल : बस में चले, पैदल नहीं चले, पर थक गए बहुत।

प्रीति : तो क्या बाबाजी, गाँव में आदमी पैदल चलकर भी नहीं थकता है?

प्यारेलाल : नहीं बेटी, वहाँ चलना अपनी मरजी का होता है, यहाँ दूसरों की मरजी का।

शरद : दादाजी, इस बार जब हम गाँव आएँगे तो हमें गैया का दूध पिलाइएगा।

प्यारेलाल : जरूर, जरूर, पोते राजा, जरूर! पर तुम लोग यहाँ दूध नहीं पीते हो?

प्रीति : पीते तो हैं, दादाजी, पर वह मिल्क पाउडर से बनता है। मम्मी पानी मिलाकर उसे बनाती हैं और उसमें बॉर्नवीटा मिलाकर पिलाती हैं।

शरद : क्यों बाबाजी, गैया के ताजा दूध और डिब्बे के दूध में अंतर होता है ना?

प्यारेलाल : पता नहीं, बेटे।

[दिन छिपने के बाद परिवार के सब लोग दिल्ली की सैर करके घर लौटते हैं। नीतू जल्दी-जल्दी खाना तैयार करती है। खाना खाकर शरद और प्रीति दादाजी की बगल में आकर लेट

जाते हैं। बबली दूध की बोतल मुँह में लेकर सो गई है।]

प्रीति : तो बाबाजी! क्या गाँव में खेत इतने ही बड़े होते हैं जितना हमारा सामने वाला पार्क।

प्यारेलाल : अरे वाह बेटी! तुमने खेत नहीं देखे? हाँ, नहीं देखे होंगे, जब तुम गाँव गई थी तो बहुत छोटी थी तब। शरद तुमसे भी छोटा था। गाँव के खेत बहुत बड़े होते हैं, बेटी। यह पार्क तो कुछ भी नहीं है, उसका दसवाँ भाग भी नहीं है।

शरद : तो फिर बाबाजी, उन खेतों में गेहूँ के बहुत बड़े-बड़े पेड़ होते होंगे?

प्यारेलाल : *(हँसते हुए)* अब इस पीढ़ी के बच्चों को यह बताना भी होगा कि चने, गेहूँ और मक्के के पेड़ कैसे होते हैं, कितने बड़े होते हैं!

नीतू : पिताजी, इन्हें यह तो पता है कि परमाणु बम कैसा होता है, कैसे बनता है, पर यह नहीं पता कि गेहूँ का पेड़ कैसा और कितना बड़ा होता है?

प्रीति : पर आप बताइए ना, बाबाजी।

प्यारेलाल : क्या बताऊँ, पोते राजा, क्या बताऊँ?

[प्यारेलाल थका हुआ है, वह बच्चों के अटपटे सवालों का जवाब देते-देते ऊँघने लगता है। सभी लोग अपने-अपने स्थानों पर जाकर सो जाते हैं। सुबह आठ बजे तक नीतू, अनिरुद्ध और सब बच्चे घर छोड़कर चले जाते हैं। अनिरुद्ध घर में अकेला है। बारह बजे घर की घंटी बजती है। प्यारेलाल दरवाजा खोलता है। नौकरानी राधा तेजी से घर में घुसती है और मशीन की तेजी से घर की सफाई शुरू कर देती है।]

प्यारेलाल : *(अपने को रोक न पाते हुए काम करती राधा के पीछे-पीछे लगा रहता है)* क्यों राधा! तुम इसी घर में काम करने आती हो या किसी और घर में भी जाती हो?

राधा : *(उकताहट भरे लहजे में)* कई घरों में जाती हूँ, बाबाजी!

सुबह के दो घंटे एक घर में, बाद के दो घंटे फिर एक और घर में, बाद के दो घंटे फिर एक और घर में, दोपहर का एक घंटा यहाँ, शाम के दो घंटे फिर एक तीसरे घर में और रात के दो घंटे फिर एक चौथे घर में।

प्यारेलाल : फिर तो दिन भर मशीन की तरह लगी रहती होगी तुम?

राधा : हाँ बाबाजी! मशीन बनकर काम न करें तो घर कैसे चलेगा जी?

प्यारेलाल : घर चलाने के चक्कर में आदमी फिरकी की तरह घूमता और घिसता रहता है यहाँ?

राधा : हाँ बाबाजी!

प्यारेलाल : राधा, कितने बच्चे हैं तुम्हारे।

राधा : एक।

प्यारेलाल : एक के लिए इतना ज्यादा करना पड़ता है तुम्हें।

राधा : पहले हाथी पालना आसान था, बाबा, अब एक बालक का पालना और भी अधिक कठिन हो गया है।

प्यारेलाल : पति क्या करता है तुम्हारा?

राधा : पति नहीं है।

प्यारेलाल : पति नहीं है, कहाँ गया? क्या भगवान् को प्यारा हो गया?

राधा : नहीं, वह कभी था ही नहीं।

प्यारेलाल : तो फिर बच्चा कहाँ से आ गया? क्या बहन का है?

राधा : *(झुँझलाकर)* तुम इस पचड़े में क्यों पड़ते हो, बाबा! मुझे काम करने दो। तुम भी अपने काम से काम रखो। कोई रिश्तेदारी थोड़ी जोड़नी है मुझे तुमसे और तुम्हें मुझसे।

[प्यारेलाल खीजकर कमरे में लौट आता है।]

प्यारेलाल : तो यहाँ कोई भी किसी से रिश्तेदारी नहीं जोड़ता। पास-पड़ोस की भी नहीं। मेल-मिलाप की भी नहीं। सबकी अपनी-अपनी दुनिया और अपना-अपना जीवन है।

[दोपहर दो बजे प्यारेलाल भोजन लेकर कमरे में एक कुरसी पर बैठ जाता है। राधा घर की सफाई आदि करके चली जाती

है। धीरे-धीरे दीवार पर लगी घड़ी रात के आठ बजा देती है। अभी तक घर में कोई नहीं आया है।]

प्यारेलाल : *(अपने-आपसे)* कब से द्वार पर टकटकी लगाए बैठा हूँ। अनिरुद्ध ने कहा था, पाँच बजे छुट्टी हो जाती है। पाँच बजे छुट्टी हो जाती है तो साढ़े पाँच बजे आ जाता, छह बजे आ जाता, साढ़े छह बजे आ जाता, सात बजे आ जाता, पर अब तो आठ बज गए। उसका कहीं पता-ठिकाना नहीं। भगवान न करे, कुछ हो गया हो, एक्सीडेंट-वेक्सीडेंट।

[कुछ क्षण रुककर]

बहू भी अब तक नहीं आई। आठ बजे तक क्या कर रही होगी दफ्तर में और बच्चे? *(छाती पर हाथ रखकर कहता है।* मेरा तो दिल घबरा रहा है, बुरे-बुरे विचार आ रहे हैं मन में।

[तभी द्वार पर आहट होती है। प्यारेलाल उठकर दरवाजे की ओर लपकता है। नीतू बच्चों को लिये घर में प्रवेश करती है।]

प्यारेलाल : इतनी देर क्यों हो गई तुम्हें और बच्चों को?

नीतू : क्या बताऊँ पिताजी, डेढ़ घंटे तक बस फँसी रही रीगल के पास वाले चौराहे पर। बेतहाशा भीड़ थी। किसी राजनीतिक दल का जुलूस निकल रहा था उधर से। काफी देर से फँसी हुई बस से निकली तो बच्चों को स्कूल के विश्रामघर से लेकर मुश्किल से यहाँ पहुँची।

प्यारेलाल : पर अनिरुद्ध तो अभी भी नहीं आया।

नीतू : वह भी फँसे रह गए होंगे कहीं इसी तरह से।

प्यारेलाल : तुम लोग तो वहाँ भीड़ में फँस जाते हो, मैं यहाँ अकेले में फँस जाता हूँ। प्रतीक्षा में आँखें लगी रहती हैं द्वार पर। बुरे-बुरे विचार आते रहते हैं।

नीतू : पिताजी! यहाँ तो रोज ही ऐसा होता है, चिंता न किया करें।

नीतू : *पिताजी ! यहाँ तो रोज ही ऐसा होता है, चिंता न किया करें।*

[घड़ी ने नौ का घंटा बजाया तो अनिरुद्ध घर में दाखिल हुआ।]

प्यारेलाल : क्यों बेटे! इतनी रात कैसे हो गई तुम्हें? छुट्टी तो पाँच बजे ही हो गई होगी तुम्हारी!

अनिरुद्ध : आज तो बुरी तरह फँस गया था, पिताजी! हमसे पहली वाली बस का एक्सीडेंट हो गया। एक व्यक्ति की मृत्यु वहीं पर हो गई। नतीजा यह हुआ कि रास्ता जाम। घंटों बाद पुलिस आई। पंचायतनामा भरा, लाश को पोस्टमार्टम के लिए ले गई। क्षतिग्रस्त बस को सड़क से हटवाया गया, तब कहीं जाकर ट्रैफिक आगे बढ़ा।

प्यारेलाल : पर बेटे! मेरी आँखें तो यहाँ इंतजार करते-करते पथरा गईं।

अनिरुद्ध : यह तो दिल्ली है, पिताजी! यहाँ तो रोज ही ऐसा होता है। कभी हम फँस जाते हैं, कभी बस फँस जाती है।

प्यारेलाल : तुम तो फँस जाते हो, पर फाँसी मेरे गले में पड़ जाती है, बेटे।

[एक-एक करके सात दिन गुजर गए हैं। प्यारेलाल पीला पड़ गया है। दिन भर अकेला बैठा दरवाजे की ओर आँखें लगाए देखता रहता है। रात का समय है। अनिरुद्ध और नीतू कमरे में आते हैं। बच्चे टी.वी. से दिल बहला रहे हैं।]

अनिरुद्ध : ऐसा लगता है कि आपका स्वास्थ्य कुछ ठीक नहीं चल रहा इन दिनों।

नीतू : हाँ, मुझे भी ऐसा ही लगता है। भोजन भी कम ले रहे हैं। रंग भी पीला पड़ गया है। बुझे-बुझे से रहते हैं।

प्यारेलाल : हाँ बेटे! मुझे एक बड़ी ही भयंकर बीमारी लग गई है दिल्ली आकर।

अनिरुद्ध : तो चलिए, मैं आपको किसी अच्छे डॉक्टर को दिखाए देता हूँ।

प्यारेलाल : नहीं बेटे! इस बीमारी का इलाज किसी डॉक्टर के पास नहीं हैं। मुझे मेरे गाँव पहुँचा दो।

नीतू : नहीं पिताजी! हम आपका बढ़िया-से-बढ़िया इलाज कराएँगे। आप बताइए तो सही, क्या कष्ट है आपको?

प्यारेलाल : मेरे कष्ट का इलाज दिल्ली में नहीं होगा, बेटी। मुझे मेरे गाँव पहुँचा दो।

[दृश्य बदलता है। प्यारेलाल, अनिरुद्ध, कुंती और सीता सभी गाँव के उसी घर में हैं, जहाँ प्यारेलाल ने अपनी सारी उम्र गुजारी है।]

कुंती : *(साड़ी का पल्लू सिर पर जमाती हुई)* तुम तो हफ्ते भर ही में भाग आए। क्या मन नहीं लगा दिल्ली में?

प्यारेलाल : नहीं कुंती! दिल तो लगा, पर मुझे वहाँ एक ऐसी बीमारी हो गई थी, जिसका इलाज वहाँ नहीं हो सकता है।

कुंती : क्यों? क्या हो गया था तुम्हें? कौनसी बीमारी लग गई थी?

प्यारेलाल : मुझे प्रतीक्षा रोग हो गया था, कुंती। यह तो बड़ी ही जान-लेवा बीमारी होती है, अन्नू की माँ।

सीता : फिर आपने इसका इलाज क्यों नहीं कराया, देवरजी?

प्यारेलाल : इसका इलाज दिल्ली में नहीं हो सकता था। यह चौबीसों घंटे इंतजार में तड़पानेवाली बीमारी है। बड़ा ही बुरा रोग है यह।

कुंती : क्या होता है इस रोग में?

प्यारेलाल : होता यह है, कुंती! आदमी दरवाजे के पास बैठकर ताकता रहता है। समय पर बेटा नहीं आता तो दिल धक-धक करने लगता है, बहूरानी नहीं आती तो मन चिंता से भर जाता है, भगवान् जाने क्या हुआ होगा? बच्चे समय से घर नहीं आते तो कलेजा फटने लगता है। दिन से रात पड़े तक प्रतीक्षा-प्रतीक्षा-प्रतीक्षा। घरवाले आएँगे और हम पूछेंगे तो दो अक्षर का उत्तर मिलेगा, फँस गए थे। इन्हें बस, स्कूटर फाँसते हैं, हमें फाँसी लगती है। वह भी एक दिन नहीं, रोज। इसीलिए हम तो भाग आए इस प्रतीक्षा रोग से बचकर।

सीता : क्यों देवरजी, जीवन में प्रतीक्षा तो पहले भी की होगी आपने,

कभी-न-कभी?

प्यारेलाल : नहीं, कभी नहीं। एक बार कुंती चली गई थी दो दिन के लिए मायके। दो दिन में नहीं आई तो हम स्वयं वहाँ जा धमके।

[सब लोग हँसते हैं।]

अनिरुद्ध : पर पिताजी, वहाँ इंतजार में समय तो कट जाता है। जहाँ इंतजार भी न हो, वहाँ समय कैसे कटेगा?

प्यारेलाल : कैसे कटेगा? देखते हैं। दूर बैठकर याद करना अच्छा है या पास रहकर प्रतीक्षा करना अच्छा।

(समाप्त)

सोफे पर बैठा गृहस्वामी रोबीली मुद्रा में सिर हिलाकर स्वीकार करता है कि वही चंदनदीप डायमंडवाला है।

कुत्ता नर्सिंग सेंटर

पात्र-परिचय

चंदनदीप डायमंडवाला	:	एक व्यस्त व्यवसायी
शोभा डायमंडवाला	:	चंदनदीप की पत्नी
एस.के. डागा	:	पैट्स केयर सेंटर का संचालक
अनुराधा	:	सेंटर में डागा की पार्टनर
क्षिप्रा सेठी	:	एक सामाजिक कार्यकर्त्री

[शहर की एक पॉश कालोनी साउथ एक्सटेंशन की एक शानदार कोठी के द्वार पर दो बूढ़े व्यक्ति आकर रुकते हैं। दोनों ने पाजामे और लंबे कुरते पहन रखे हैं। माथे पर टीका लगा है। इनमें से एक व्यक्ति के हाथ में रसीद बही जैसी कोई चीज है। एक व्यक्ति कोठी के मुख्य द्वार के पास लगे स्विच पर उँगली रखता है। अंदर घंटी झनझना उठती है। भीतर से नौकरानी दरवाजा खोलती है।]

पहला व्यक्ति : साहब अंदर हैं?

नौकरानी : हाँ जी, हैं।

दूसरा व्यक्ति : बोलो, दो आदमी मिलने के लिए आए हैं। केवल दो मिनट का समय चाहिए।

सेविका : नाम क्या बोलूँ जी आपका? कहाँ से आए हैं आप?

पहला व्यक्ति : कह देना, शहर के ही हैं और केवल दो मिनट बात करना चाहते हैं।

[नौकरानी वापस जाती है और कुछ क्षण बाद पुनः लौटकर आती है। दोनों व्यक्ति महिला के साथ-साथ शानदार ढंग से सजाए गए ड्राइंगरूम में प्रवेश करते हैं। ड्राइंग-रूम में एक सुंदर युवती और उसका पति बहूमूल्य सोफे पर विराजमान हैं। दीवार घड़ी में सुबह के दस बजकर पंद्रह मिनट बज रहे हैं।]

दूसरा व्यक्ति : *(हाथ जोड़कर नमस्ते करते हुए)* आप ही हैं ना मिस्टर चंदनदीप डायमंडवाला।

[सोफे पर बैठा गृहस्वामी रोबीली मुद्रा में सिर हिलाकर स्वीकार करता है कि वही चंदनदीप डायमंडवाला है। उसके हाव-भाव से एक प्रकार का अहंकार झाँक रहा है।]

चंदनदीप : हाँ! मैं ही चंदनदीप डायमंडवाला हूँ। *(फिर एक क्षण रुककर व्यंग्यात्मक स्वर में)* अब आप पूछेंगे कि डायमंडवाला की बगल में यह जो सुंदर लेडी बैठी हुई है, यह कौन है? आप मुझसे ज्यादा इनकी ओर देख रहे हैं ना, सो मैं आपकी जानकारी के लिए बताए देता हूँ कि यह मेरी एकदम असली कानूनी पत्नी हैं और इन्हें आप मिसेज शोभारानी डायमंडवाला कह सकते हैं।

[दोनों व्यक्ति गृहस्वामी के इस कटाक्ष पर थोड़ा लज्जित होते हैं। शोभारानी डायमंडवाला कसमसाकर पहलू बदलती है।]

पहला व्यक्ति : सब जानते हैं, आप तो बहुत बड़े नाम वाले सज्जन हैं, डायमंडवालाजी। मोतियों का बहुत बड़ा व्यवसाय है आपका। सामाजिक गतिविधियों में भी आप बढ़-चढ़कर हिस्सा लेते हैं। समाजसेवा… जनसेवा…।

[डायमंडवाला आगंतुक से ऊबकर उसकी बात काट देता है।]

डायमंडवाला : चाटुकारिता मत करो, महोदय! सीधे-सीधे कहो कि कहाँ से आना हुआ?

दूसरा व्यक्ति : बात यह है डायमंडवालाजी, हमारी संस्था 'असहाय बाल कल्याण समिति' एक अनाथालय चलाती है। इसमें गरीब, बेसहारा, बिना माँ-बाप के बच्चों को शिक्षा दी जाती है और उन्हें रोजगारपरक काम भी सिखाया जाता है।

पहला व्यक्ति : इस अनाथालय की विशेष बात यह है डायमंडवालाजी, कि इसकी सारी व्यवस्था हमारी संस्था द्वारा की जाती है। सारा प्रबंध आप जैसे महान् लोगों के दान पर चलता है जी। *(रसीद बही खोलते और कलम हाथ में सँभालते हुए)* फरमाइए डायमंडवालाजी, कितने की रसीद काट दूँ?

डायमंडवाला : दिमाग तो नहीं चल गया है तुम्हारा! कह तो दिया, हम ऐसे अनाथालयों में विश्वास नहीं रखते। देश में जिस तेजी से भिक्षा उद्योग फूल-फल रहा है, वह अब खतरे के निशान को पार करने लगा है। आप लोग जा सकते हैं। मेरा समय खराब न करें।

[दोनों व्यक्ति अपने स्थानों से उठकर धीरे-धीरे बाहर निकल जाते हैं। उनके चेहरों पर निराशा का भाव है।]

शोभारानी : *(अखबार चेहरे के सामने से हटाते हुए)* जिसे देखो, वही दान लेने चला आता है। हद हो गई।

[तभी भूटानी नस्ल का मोटा-तगड़ा कुत्ता शोभा के पैरों में आकर बैठ जाता है और अपनी लंबी जीभ निकालकर साँय-साँय करने लगता है।]

शोभारानी : *(अचानक कुछ याद करते हुए)* क्यों चंदन, कल जो प्रोग्राम बना था कि हम नेशनल पैट्स केयर सेंटर चलेंगे, क्या उधर चलने का इरादा नहीं है? आज इतवार है। अगर आज न गए तो फिर एक हफ्ते तक जाना नहीं होगा।

डायमंडवाला : हम-तुम दोनों तो अपने एक्सपोर्ट-इंपोर्ट ऑफिस चले जाते

हैं। समय ही कहाँ मिलता है हफ्ते भर तक! बिजिनेस में तो आदमी सर्विस से भी अधिक बिजी रहता है। क्यों शोभा?

शोभारानी : हाँ, न तुम्हें फुर्सत मिलती है, न मुझे। फिर शाम को कहीं कोई फंक्शन है, कहीं कोई पार्टी है। *(कुत्ते की ओर इशारा करते हुए)* यह बेचारा टॉमी अकेला रहता है दिन भर।

डायमंडवाला : लेकिन यह आया जो है?

शोभारानी : भला पैट्स को नौकरों पर छोड़ा जाता है क्या?

डायमंडवाला : अच्छा, तुम जल्दी तैयार हो जाओ। अभी चलते हैं नेशनल पैट्स केयर सेंटर।

[शोभारानी तैयार होने के लिए अंदर चली जाती है। टॉमी डायमंडवाला के पैरों में सिर औंधा कर लेट जाता है। डायमंडवाला टॉमी की बालों भरी कमर पर धीरे-धीरे हाथ फेरते रहते हैं। तभी खूबसूरत और कीमती साड़ी में शोभारानी सजी-धजी ड्राइंग-रूम में आती है।]

शोभारानी : *(पति से)* चलो डियर चंदन, चलते हैं।

[ड्राइवर गैराज से गाड़ी निकालकर लाता है और गाड़ी दोनों को लेकर फर्राटे से चली जाती है।]

[दृश्य बदलता है। एक भव्य बिल्डिंग पर बड़े-बड़े अक्षरों में लिखा हुआ है– नेशनल पैट्स केयर सेंटर! डायमंडवाला की कार इस सेंटर के सामने आकर रुक जाती है। चंदन और शोभा को सेंटर के गेट पर वर्दी में सुसज्जित गेटमैन आदर के साथ रिसीव करता है। गेट खोलकर वह उन्हें भीतर जाने के लिए रास्ता दे देता है। भीतर बाएँ हाथ के केबिन में एक युवक और एक युवती कुरसियों पर बैठे हैं। दाएँ हाथ की ओर एक बड़ा सा कंपार्टमेंट है, जिसे शीशे के पार्टीशन लगाकर कई हिस्सों में विभाजित किया गया है। सामने वाले भाग में दो अलसेशियन कुत्ते इधर-उधर टहल

रहे हैं। युवक के केबिन में उसके नाम की तख्ती लगी है। उस पर अंकित है– एस.के. डागा। एस.के. डागा उठकर मेहमानों का स्वागत करता है। शोभा और डायमंडवाला सामने वाली कुरसियों पर बैठ जाते हैं।]

डायमंडवाला : मिस्टर डागा! हम अपने टॉमी को आपके सेंटर में भरती कराने की इच्छा से आए हैं। पहले हमें आप अपनी व्यवस्था के बारे में विस्तारपूर्वक बताइए। अगर हम संतुष्ट हुए तो आगे बात चलेगी।

एस.के. डागा : पहले आपसे थोड़ा परिचय हो जाए।

डायमंडवाला : मेरा नाम चंदनदीप डायमंडवाला है। यह मेरी वाइफ शोभारानी डायमंडवाला हैं। हम दोनों मिलकर एक्सपोर्ट-इंपोर्ट का एक छोटा-सा बिजनेस चलाते हैं।

एस.के. डागा : *(मेज के किनारे लगी घंटी पर उँगली रखता है। तुरत चपरासी सामने आ खड़ा होता है)* अरे दुर्गा, साहब लोगों के लिए दो हॉट कॉफी लाओ।

शोभारानी : नहीं-नहीं, इस कष्ट की जरूरत नहीं, प्लीज।

डायमंडवाला : कॉफी को रहने दीजिए, डागाजी। अभी हम लोग घर से नाश्ता करके चले हैं।

एस.के. डागा : कोई बात नहीं, सर! थोड़ी सेवा का मौका दीजिए हमें भी।

[चपरासी कॉफी लेने चला जाता है।]

शोभारानी : हाँ, तो अपने सेंटर के बारे में कुछ बताइए, डागाजी।

एस.के. डागा : मैं और मेरी पार्टनर *(बराबर बैठी लड़की की ओर इशारा करते हुए)* अनुराधा पिछले माह ही अमेरिका से ट्रेनिंग लेकर आए हैं। हमने वहाँ देखा कि प्रत्येक बड़े शहर में डॉग केयर सेंटर अथवा डॉग ब्यूटी पार्लर खुले हुए हैं। काम पर जाते हुए अमेरिकन लोग वहाँ अपने-अपने कुत्तों को छोड़ जाते हैं।

कोई बात नहीं, सर! थोड़ी सेवा का मौका दीजिए हमें भी।

डायमंडवाला : वेरी गुड, वेरी गुड्

शोभारानी : वंडरफुल, वंडरफुल!

अनुराधा : जी हाँ! डायमंडवालाजी, दरअसल, अमेरिका में बड़ी भारी समस्या पैदा हो गई थी कुत्तों के लिए। आप तो जानते ही हैं, बड़े नगरों का जीवन अब बहुत डिमांडिंग हो गया है। पति और पत्नी–दोनों को ही काम करना पड़ता है। न करें तो गाड़ी नहीं खिंचती है जीवन की।

शोभारानी : भारत के बड़े शहरों की हालत भी अब लगभग यही है, डागाजी।

डायमंडवाला : मशीनी जीवन के साथ-साथ आदमी को भी मशीन बनना पड़ गया है।

एस.के. डागा : हाँ तो डायमंडवालाजी! वहाँ हमने देखा कि पति-पत्नी सुबह-सवेरे तैयार होकर अपने-अपने कार्यालयों में चले जाते हैं। कोई बालक हुआ तो उसे किंडर गार्टन में भेज दिया जाता है, किंतु इन घरों के पैट, आई मीन डॉग, घर पर सारे दिन अकेले रहते हैं और यह तो आप समझ ही सकते हैं डायमंडवालाजी कि कुत्ते को आदमी से भी अधिक अकेलापन महसूस होता है।

डायमंडवाला : हाँ, वह तो होता ही है।

अनुराधा : और डायमंडवालाजी! यह अकेलापन कुत्तों की पूरी पर्सनैलिटी को डिस्टर्ब करके रख देता है।

शोभारानी : बेशक! बड़ी गंभीर प्रॉब्लम है यह।

एस.के. डागा : वहाँ यह प्रॉब्लम इस तरह सॉल्व कर ली गई कि बड़े शहरों में अनेक स्थानों पर बड़े-बड़े डॉग केयर सेंटर खुल गए हैं। वहाँ इन पालतू कुत्तों को उनके स्वामी अपने वर्क-प्लेस जाते समय छोड़ जाते हैं और वहाँ से वापस आते समय अपने घर ले आते हैं। दिन के पूरे समय डॉग केयर सेंटर में इन कुत्तों की सेवा बढ़िया ढंग से की जाती है। कुत्तों की साइकोलॉजी के अनुसार ट्रीटमेंट दिया जाता है उन्हें।

डायमंडवाला : लेकिन इस कार्य के लिए तो डॉग एक्सपट्‌र्स की जरूरत होती होगी?

अनुराधा : क्यों नहीं होती, बिलकुल होती है। डॉग सेवा सिखाने के लिए अनेक डॉग नर्सिंग सेंटर खुल गए हैं वहाँ। वहाँ कुत्तों को बहलाने, दुलारने, उन्हें नहलाने, उनका मनचाहा भोज़न देने तथा अन्य सभी बातों का प्रशिक्षण दिया जाता है ट्रेनीज को।

डायमंडवाला : वेरी गुड, वेरी गुड।

शोभारानी : तो मिस्टर डागा, क्या आपने भी यह ट्रेनिंग ली है?

एस.के.डागा : हाँ जी। यह देखिए मेरा सर्टिफिकेट *(कुरसी के पीछे दीवार पर टँगे सर्टिफिकेट को दिखाता है।)*

शोभारानी : *(मुसकराते हुए)* अपने मूल नाम डागा के अनुरूप आपने अपना काम भी चुना है। डागा के लिए डॉग-नर्सिंग से बढ़िया काम और क्या हो सकता था!

[सब लोग शोभारानी की बात पर ठहाका मारकर हँसते हैं। चपरासी कॉफी के मग मेज पर रख जाता है। डायमंडवाला और शोभारानी कॉफी सिप करने लगते हैं।]

डायमंडवाला : डागा जी! कुत्तों की नर्सिंग का यह सेंटर यहाँ खोलने की प्रेरणा आपको किससे मिली?

एस.के. डागा : *(बगल में बैठी लड़की की ओर इशारा करते हुए)* अनुराधा ने एक दिन मुझसे कहा कि इंडिया के महानगरों में भी आज लगभग वही स्थिति है, जो अमेरिका में है। यहाँ भी व्यस्त लोग अपने-अपने पैट्‌स, अपने कुत्ते घरों में अकेले छोड़ जाते हैं। इस कारण से इन पालतू जानवरों को सारा दिन भयंकर एकांत और टेंशन में गुजारना पड़ता है। यही सब देखकर यह सेंटर बनाया है हम लोगों ने।

शोभारानी : अब तक का क्या अचीवमेंट है?

अनुराधा : हमने इस कॉलोनी और आस-पास की कॉलोनियों का सर्वेक्षण कराया है। अब तक जमा हुए आँकड़ों के अनुसार

लगभग डेढ़ सौ परिवारों में ऐसे कुत्ते मौजूद हैं, जिन्हें उनके मालिक अपने-अपने कामों पर जाते हुए घर में अकेला छोड़ जाते हैं। ये कुत्ते बारह-बारह घंटे आदमी की संगत के लिए तरसते हैं। रोते हैं, चिल्लाते हैं, पर कोई इनकी फरियाद सुननेवाला नहीं होता है।

शोभारानी : वेरी सैड, वेरी सैड।

डायमंडवाला : यह तो अन्याय है, घोर अन्याय। पशु-अधिकारों का हनन है यह तो।

अनुराधा : असल सवाल तो यही है कि मानव तो अपने अधिकारों के लिए आवाज उठा सकता है, लेकिन कुत्ते क्या कह सकते हैं, क्या कर सकते हैं?

डायमंडवाला : हाँ, न ये पानी माँग सकते हैं, न भोजन माँग सकते हैं, न अपने दुःख-दर्द को ही व्यक्त कर सकते हैं। बेजुबान जो हैं बेचारे।

एस.के. डागा : आप जैसे शिक्षित सज्जन को बताना जरूरी नहीं है, डायमंडवालाजी कि कुत्ता आदमी से ज्यादा सेंसेटिव होता है। एकांत में रहने से उसकी पूरी पर्सनैलिटी विकृत हो जाती है। आप कुत्ता पालते हैं तो उसकी केयर भी करें। यह केयर आप स्वयं नहीं कर सकते तो हमसे कराएँ।

अनुराधा : आदमी का बच्चा अनाथ हो जाता है तो उसे अनाथ-आश्रम वाले ले जाते हैं। उसका पालन-पोषण करते हैं। ये कुत्ते बेचारे भी दिन भर अनाथ जैसे ही रहते हैं, इनकी देखभाल करने के लिए भी तो कोई हो।

डायमंडवाला : डेफिनिटली, डेफिनिटली।

शोभारानी : इस व्यवसाय में अभी कितनी सफलता मिली है आपको?

एस.के. डागा : अभी बहुत ज्यादा सफलता नहीं मिली है, पर हमारा यह सेंटर धीरे-धीरे लोकप्रिय हो रहा है। कुछ कुत्ते हमारे यहाँ भरती हो चुके हैं, कुछ होनेवाले हैं।

[सामने वाले केबिन में टहलते हुए कुत्ते की ओर संकेत करते हुए।]

डायमंडवाला और उसकी पत्नी उठकर टाइगर का मुआयना करते हैं। टाइगर उन्हें देखकर जोर-जोर से भौंकता है।

एस.के. डागा : सामने एलसेशियन को आप देख रहे हैं, डायमंडवालाजी! यह पिछले ही सप्ताह भरती कराया गया है। इसके मालिक पति–पत्नी–दोनों एक डिग्री कॉलेज में प्रोफेसर हैं। दोनों कॉलेज चले जाते थे तो टाइगर बेचारा अकेला रहता था।

शोभारानी : अकेलेपन का कोई विशेष प्रभाव देखा गया इसमें?

अनुराधा : हाँ, हाँ, क्यों नहीं ... शेर की तरह दहाड़ने वाला टाइगर भौंकने की जगह रोने लगा, चुस्ती–फुरती समाप्त हो गई। सूखकर काँटा हो गया। एक ही हफ्ते में आप देखिए कैसा रंग पलटा है इसने।

[डायमंडवाला और उसकी पत्नी उठकर टाइगर का मुआयना करते हैं। टाइगर उन्हें देखकर जोर–जोर से भौंकता है।]

एस.के. डागा : देखा आपने! टाइगर रोना छोड़कर पुनः भौंकने लगा है। आदमी तो रोता हुआ बरदाश्त किया जा सकता है, पर कुत्ता तो भौंकता हुआ ही अच्छा लगता है।

डायमंडवाला : नो डाउट ... नो डाउट।

शोभारानी : लेकिन यह तो बताइए डागाजी कि आप अपने सेंटर में भरती होनेवाले कुत्तों को क्या–क्या सुविधाएँ देते हैं?

अनुराधा : उन सारी सुविधाओं से ज्यादा, जो किसी अनाथालय में अनाथ बच्चों को दी जा सकती हैं, उनसे बहुत ज्यादा।

डायमंडवाला : वाह, वाह! बहुत अच्छा, लेकिन कुछ बताइए तो सही।

एस.के. डागा : मान लीजिए, आप अपने कार्यालय जाते समय अपना कुत्ता हमारे केयर सेंटर में छोड़ जाते हैं, तो हमारे प्रशिक्षित कर्मचारी सबसे पहले बढ़िया साबुन से उसे अपने यहाँ बने ताल में स्नान करा देंगे। उसके बाद बढ़िया टॉवेल से उसका शरीर साफ करेंगे। स्नान करा चुकने के बाद मक्खन लगे ब्रेड और दूध का नाश्ता देंगे।

अनुराधा : *(बीच में हस्तक्षेप करते हुए)* आप भूल रहे हैं, डागा, नाश्ते से पहले हमारे सेंटर का बेटरनरी डॉक्टर कुत्ते के

स्वास्थ्य की जाँच करेगा। उसी की सलाह पर कुत्ते को नाश्ता दिया जाएगा।

एस.के. डागा : ठीक अनुराधा, तुमने ठीक याद दिलाया। यदि कुत्ता अस्वस्थ होगा तो उसके उपचार की पूरी व्यवस्था की जाएगी।

अनुराधा : यह सब हो चुकने पर कुत्ते का दिल बहलाने के लिए किसी पुरुष या महिला की व्यवस्था की जाएगी। दोपहर होने पर उसे मीटयुक्त भोजन दिया जाएगा। भोजन के बाद उसके आराम की व्यवस्था की जाएगी, शाम को पुनः नाश्ता दिया जाएगा।

एस.के. डागा : एक और सेवा हम आपके कुत्तों को उपलब्ध कराते हैं। यदि कोई कुत्ता अपने सेक्स-सीजन में है तो हम उसके लिए उसी के वंश की मादा कुतिया भी उपलब्ध कराते हैं, ताकि वह जी-भरकर अपना मनोरंजन कर सके।

अनुराधा : इतना ही नहीं, हम हर माह की पंद्रह तारीख को सभी कुत्तों के अभिभावकों को आमंत्रित करते हैं। एक मीटिंग बुलाते हैं, जिसमें कुत्तों के अभिभावक अपनी-अपनी समस्याएँ पेश करते हैं। कोई शिकायत हो तो उसे भी सामने लाते हैं। ऐसी सभी शिकायतें और समस्याएँ हमारे सेंटर के विशेषज्ञों द्वारा हल की जाती हैं।

[इतना कहकर अनुराधा घंटी बजाती है। तुरत चपरासी हाजिर होता है।]

अनुराधा : सेंटर के सभी कर्मचारियों तथा विशेषज्ञों को हाजिर करो।

[केबिन के सामने दस-बारह लोगों की भीड़ आकर खड़ी हो जाती है। ये सब नीले रंग की वर्दी पहने हुए हैं और इन सब की छाती पर तरह-तरह के कुत्तों वाले बैज लगे हैं।]

एस.के. डागा : *(परिचय कराते हुए)* यह सेंटर के बेटरनरी डॉक्टर हैं, कुत्ता रोगों के विशेषज्ञ। यह कुत्ता-प्रशिक्षक हैं। यह कुत्तों को आदमी के समाज में सम्मान के साथ रहने की ट्रेनिंग

देते हैं, ताकि आदमी के समाज में इनका ऐसा अपमान न हो, जैसा अकसर आदमियों का होता है।

डायमंडवाला : वेरी गुड ... वेरी गुड।

एस.के. डागा : *(एक वर्दीधारी व्यक्ति की ओर संकेत करते हुए)* यह कुत्तों को स्नान कराते हैं। यह जानते हैं कि कुत्तों को कब और किस प्रकार नहलाया जाना चाहिए, और यह कुत्तों के कुक हैं। यह कुत्तों के लिए विशेष भोजन तैयार करने में माहिर हैं। यह कुत्तों के मनोवैज्ञानिक हैं, जो जाँच कर यह बताते हैं कि कुत्ता कब किस बात की इच्छा कर रहा है या उसकी मनोदशा क्या है? *(फिर युवतियों की ओर इशारा करते हुए)* ये नर्सें हैं, जो कुत्तों के साथ रहकर उनका सुबह से शाम तक दिल बहलाती हैं।

[सभी कर्मचारी और विशेषज्ञ आगंतुकों को आदरपूर्वक सैल्यूट बजाते हैं और कोरस गाते हुए वापस चले जाते हैं।]

(कोरस)

सब जंतुओं से अच्छा कुत्ता मियाँ हमारा,
कुत्ते की दुम को समझो कौमी निशाँ हमारा।

अनुराधा : कुत्ते के संबंध में कोई भी शिकायत होने पर हम उसका तुरत निदान करते हैं। यदि कोई कुत्ता-अभिभावक संतुष्ट न हो तो हम उसकी दी हुई धनराशि पूरी ईमानदारी के साथ वापस कर देते हैं। हमारी संस्था मनुष्य-जाति की समस्याओं को सुलझानेवाली संस्था नहीं है, जहाँ गड़बड़ हो, घोटाले हों, बेईमानी हो। यह कुत्ता-पालक संस्था है और आप जानते हैं डायमंडवालाजी, कि कुत्ता इस युग में भी आदमी से अधिक ईमानदार है।

डायमंडवाला : पर आप तो कुत्ता नहीं हैं ना, आप तो आदमी ही हैं ।

एस.के. डागा : आपने वह कहावत नहीं सुनी है, डायमंडवालाजी– जैसी संगत, वैसा मंगत। सो हम भी कुत्तों की संगत में ... ।

शोभारानी : *(डागा की बात काटते हुए)* लेकिन आपने सर्विस चार्जेज तो बताए ही नहीं अभी तक।

अनुराधा : कुछ ज्यादा नहीं जी। केवल पाँच सौ रुपए प्रतिदिन।

[अनुराधा सर्विस चार्जेज बताते हुए कुत्तों का एडमिशन फार्म डायमंडवाला की ओर बढ़ा देती है। डायमंडवाला उसकी खाना पूर्ति करने में लग जाते हैं।]

[दृश्य बदलता है। वही ड्राइंग रूम है। रात के दस बज चुके हैं। टाइगर उस केयर सेंटर से वापस आ गया है और इस समय अपनी मालकिन शोभारानी के पैरों पर सिर रखकर ऊँघ रहा है। चंदनदीप डायमंडवाला के अलावा इस समय उनकी पड़ोसन क्षिप्रा सेठी भी बैठी हैं। वह एक सामाजिक कार्यकर्त्री हैं।]

शोभारानी : पैट्स केयर सेंटर तो बढ़िया खोला है एस.के. डागा ने, सभी सुविधाएँ दी जा रही हैं वहाँ पालतू कुत्तों को।

क्षिप्रा सेठी : सुविधा तो है। आप अपने पैट को सुबह काम पर या कार्यालय जाते समय केयर सेंटर छोड़ जाइए और शाम या रात में वापस लौटते हुए उसे अपने साथ वापस ले आइए। पैट अकेला नहीं रहेगा।

शोभारानी : तो फिर तुम भी चीनी वंश की कुतिया हनी को इसी केयर सेंटर में क्यों नहीं एडमिट करा देतीं?

क्षिप्रा सेठी : कितना चार्ज कर रहे हैं ये लोग?

चंदनदीप : पाँच सौ रुपए पर पैट।

क्षिप्रा सेठी : लेकिन यह तो बहुत ज्यादा है ना।

शोभारानी : ज्यादा कहाँ है, सुविधाओं के हिसाब से कुछ भी नहीं है। तुम कल होनेवाली कुत्ता-अभिभावकों की संयुक्त सभा में हमारे साथ स्वयं चलकर देख लेना, कितनी बढ़िया व्यवस्था कर रखी है उन लोगों ने!

क्षिप्रा सेठी : किंतु यह तो सोचो कि पिछले हफ्ते जो अनाथ आश्रम वाले यहाँ आए थे, उनका कहना था कि उनका आश्रम

प्रत्येक अनाथ बालक पर बीस रुपए प्रतिदिन खर्च करता है और इतनी धनराशि में ये बच्चे पूरे सुख-चैन से रहते हैं।

डायमंडवाला : तुम भी कैसी बात कर रही हो, क्षिप्रा बहन। यह मत भूलो कि वे आदमी के बच्चे हैं और ये कुत्ते के बच्चे। वे अनाथ हैं, ये अनाथ नहीं हैं।

क्षिप्रा सेठी : भाई साहब! मैंने सुना है कि ऐसे ही दो केयर सेंटर और खुल गए हैं बराबर की कॉलोनियों में।

शोभारानी : वह तो खुलेंगे ही। पालतू कुत्तों के लिए एकांत की प्रॉब्लम दिन-पर-दिन बढ़ रही है। हम लोग अपने-अपने कामों पर चले जाते हैं, पर यह पैट्स कहाँ जाएँ!

[दृश्य बदलता है। नेशनल पैट्स केयर सेंटर के सामने लॉन में सेंटर के प्रबंधकों तथा कुत्तों के अभिभावकों की संयुक्त मीटिंग चल रही है। कुत्ता-स्वामी अपनी-अपनी समस्याएँ प्रबंधकों के सामने रख रहे हैं।]

एक व्यक्ति : डागाजी, हमारे कैटी ने कुछ दिनों से घर जाकर हमारे सामने अपनी दुम को हिलाना और हमारे तलुए चाटना छोड़ दिया है। यह आउट ऑफ एटिकेट होता जा रहा है। आप बताइए, क्या कारण है?

दूसरा व्यक्ति : डागाजी, हमारी पप्पी ने पहले की तरह उछलकर हमारी गोद में बैठना छोड़ दिया है। वह अब बुलाने पर भी हमारे पास नहीं आती है।

तीसरा व्यक्ति : हमारा बुलकी अब पहले से कुछ ज्यादा भौंकने लगा है। यह भौंकता है तो हमारी नींद उचट जाती है।

[विशेषज्ञ सभी शिकायतें एक कागज पर नोट करता जाता है।]

एस.के. डागा : आप लोग निश्चिंत रहें। अगली मीटिंग में हमारे एक्सपर्ट इन शिकायतों के कारण और निदान आपके सामने प्रस्तुत करेंगे।

हम इस सेंटर के माध्यम से आपके कुत्तों की सेवा तो करते ही हैं, एक कुत्ता-संस्कृति भी लाना चाहते हैं।

[तालियाँ बजती हैं।]

शिप्रा सेठी : एक सवाल मैं भी पूछना चाहती हूँ, डागाजी।

एस.के. डागा : जरूर, जरूर। पूछिए, पूछिए।

क्षिप्रा सेठी : इस सेंटर से आपका उद्देश्य कुत्ता केयर ही है या कुछ और भी?

एस.के. डागा : डियर सिस्टर! हम इस सेंटर के माध्यम से आपके कुत्तों की सेवा तो करते ही हैं, एक कुत्ता-संस्कृति भी लाना चाहते हैं, क्योंकि कुत्ता ही जानता है कि कब उसे भौंकना चाहिए और कब दुम हिलानी चाहिए। हम कुत्तों से बहुत कुछ सीखकर अपनी संस्कृति को समृद्ध कर सकते हैं। आप वाशिंगटन जाइए, न्यूयॉर्क जाइए, वहाँ जाकर देखिए। उन्होंने ऐसा कर दिखाया है। यदि हमने अब भी इस संस्कृति को विकसित नहीं किया तो हम पिछड़ जाएँगे।

[कुत्ता-पालक जोर-जोर से शोर मचाते हैं– 'पिछड़ जाएँगे, पिछड़ जाएँगे।' धीरे-धीरे परदा गिरता है।]

(समाप्त)

अध्यक्ष के बार–बार कहने पर भी सांसद नहीं बैठता है और फर्राटे के साथ अपनी बात कहे चला जाता है।

पाँच दशक बाद की लोकसभा

पात्र-परिचय

घासीराम	:	संसद् सदस्य
रोशनलाल	:	घासीराम का मित्र
गुलाम अली	:	रोशनलाल का साथी

[संसद् सदस्य बाबू घासीराम अपनी नवनिर्मित कोठी के लॉन में एक ईजी चेयर पर पाँव पर पाँव रखकर बैठे हैं। आस-पास कई और कुरसियाँ पड़ी हैं, जिन्हें घासीराम ने अब तक खोलकर नहीं देखा है। आने-जाने वाले लोगों का ताँता बँधा है। लोग अपने-अपने कामों से आ-जा रहे हैं। तभी घासीराम का लँगोटिया मित्र रोशनलाल आता है। उसके साथ एक और व्यक्ति गुलाम अली भी है। अभी सुबह के नौ बजे हैं।]

रोशनलाल : राम-राम बाबू घासीरामजी।

घासीराम : राम-राम रोशनलाल, आओ. भाई, बैठो। बोलो, सुबह-ही-सुबह कैसे आना हुआ?

रोशनलाल : *(एक कुरसी पर खुद बैठते और दूसरी पर साथी गुलाम अली को बैठने का संकेत करते हुए)* बस यों ही मिलने चला आया। सुना है, आप रात ही दिल्ली से आए हैं। सोचा, कुशलक्षेम लेता चलूँ।

घासीराम : धन्यवाद, धन्यवाद! कुशलक्षेम तुम नहीं लोगे तो और कौन लेगा? तुम हमारे जिगरी यार हो *(दूसरे व्यक्ति की ओर इशारा करते हुए)* तुम्हारे साथ यह कौन सज्जन हैं?

रोशनलाल : *(आश्चर्य से)* अरे घासीराम! इसे भूल गए आप! यह गुलाम अली है! इसने तो आपके चुनाव में दिन-रात एक किया था, जान की बाजी लगा दी थी। पूरे क्षेत्र की खाक छानी थी इसने।

घासीराम : *(ध्यानपूर्वक गुलाम अली की ओर देखता है)* अच्छा-अच्छा, याद आया। हाँ भई, हाँ।

गुलाम अली : *(विनम्रतापूर्वक हाथ जोड़ते हुए)* हम तो जी सेवक हैं आपके। सेवकों को तो सेवा तक ही याद रखा जाता है, बाबूजी।

घासीराम : *(बेशर्मी के साथ हँसते हुए)* लेकिन भाई रोशनलाल, तुमने आज तक हमसे किसी काम के लिए नहीं कहा। कभी तो कोई काम लेते हमसे।

रोशनलाल : ऐसा कोई काम पड़ा ही नहीं, बाबू घासीराम; पर मन में एक इच्छा है बहुत दिनों से।

घासीराम : बोलो क्या? तुम्हारी हर इच्छा पूरी करेंगे हम।

रोशनलाल : इच्छा यह है बाबू घासीराम, कि एक बार संसद् की कार्यवाही खुद देखें दर्शक-दीर्घा में बैठकर।

गुलाम अली : *(बातचीत में शामिल होते हुए)* टी.वी. पर तो बाबूजी, कई बार देखा है संसद् को चलते हुए, पर टी.वी. के परदे पर वह बात कहाँ, जो सचमुच देखने में है।

रोशनलाल : और क्या? टी.वी. वाले तो अपना कैमरा घुमाए चले जाते हैं इधर से उधर। नजर टिक ही नहीं पाती है किसी एक जगह पर।

घासीराम : तो यह कौन सी बड़ी बात है, रोशनलाल। इस बार ले चलेंगे तुम्हें अपने साथ।

रोशनलाल : बाबू घासीरामजी, एक महीना तो हो चुका है आपको संसद् का सदस्य बने हुए। पता नहीं, कब यह संसद् चलती बने,

कोई ठिकाना नहीं इसका। संसद् गई तो आप भी गए।

घासीराम : कैसी बात करते हो रोशनलाल! अपनी यह संसद् पाँच साल का कार्यकाल पूरा करेगी, देख लेना।

रोशनलाल : *(हँसता है)* बाबू घासीराम! आप तो जानते ही हैं कि अब संसद् की आयु-सीमा साल-छह महीने से अधिक नहीं रह गई है। आपसे पहली संसद् साल भर में चित्त हो गई। उससे पहले चौदह महीने में और उससे पहले ग्यारह महीने में। यह बहुत-से-बहुत छह महीने चल पाएगी।

घासीराम : अरे भाई रोशनलाल! तुम तो जानते ही हो कि दुनिया में अब कोई चीज टिकाऊ नहीं रह गई है। सारी चीजें बिकाऊ हैं, आदमी से लेकर भगवान तक।

गुलाम अली : भगवान् भी टिकाऊ नहीं रहा है क्या, बाबू घासीरामजी?

घासीराम : कहाँ रह गया है भगवान् टिकाऊ। आदमी बाजार के भाव की तरह अपना ईमान बदलता है, भगवान् बदलता है।

[तीनों हँसते हैं।]

रोशनलाल : अगर संसद् रही तो भाई घासीरामजी, आप हमारे लिए दो दर्शक पास उपलब्ध करा देना। एक मेरे लिए, एक गुलाम अली के लिए। जीवन में एक बार तो तमाशा देख लेंगे हम भी।

घासीराम : जरूर, जरूर।

गुलाम अली : लेकिन संसद् में अब शोर-शराबा बहुत होने लगा है, हाय-तौबा बहुत मचने लगी है वहाँ।

घासीराम : हाँ जी, कुछ लोग सोते हैं, कुछ लड़ते हैं, कुछ झगड़ते हैं।

गुलाम अली : आप क्या करते हो, बाबू घासीराम!

घासीराम : हम तो भैया, आँखें मूँदकर स्वर्ग सिधार जाते हैं थोड़ी देर के लिए।

रोशनलाल : संसद् की कार्यवाही तो देखने की इच्छा कई बार हुई, बाबू घासीरामजी, पर वहाँ होनेवाले शोर-शराबे से जी

बहुत घबराता है। कमजोर दिल का आदमी हूँ। चीख-पुकार में दम सा घुटने लगता है।

घासीराम : अरे नहीं! संसद् सदस्यों को आस्तीनें चढ़ाते और एक-दूसरे पर फुफकारते देखोगे तो मजा आ जाएगा तुम्हें।

रोशनलाल : तो अगली बार पक्की रही। मैं और गुलाम अली आएँगे दिल्ली।

घासीराम : बिलकुल, बिलकुल।

[दृश्य बदलता है। संसद् भवन में चहल-पहल है। सत्र शुरू हो रहा है। सांसद अपने-अपने स्थान पर बैठ चुके हैं। सत्तापक्ष एक तरफ है, सत्ताहीन पक्ष दूसरी तरफ। दर्शक-दीर्घा खचाखच भरी हुई है। एक तरफ रोशनलाल और गुलाम अली बैठे हैं। अध्यक्ष ने अपना आसन ग्रहण कर लिया है। कार्यवाही आरंभ होने के बाद रोशनलाल कंधे पर लटके थर्मस से दो घूँट पानी लेकर दो गोलियाँ निगल जाता है।]

गुलाम अली : यह गुटका सा क्या निगल रहे हो, रोशनलाल?

रोशनलाल : यह गुटका नहीं है, बच्चाजी। यह है ड्रग। समझते हो, ड्रग क्या होती है? यह एक ओषधि है माई डियर, जो टेंशन से बचाती है। आदमी को तनाव से मुक्त करती है।

गुलाम अली : पर तुमने यह गोली इस समय क्यों ली है, रोशनलाल?

रोशनलाल : भाई, मैं कमजोर हृदय वाला आदमी हूँ। शोर-शराबे में मन बैठने लगता है। भगवान् न करे अगर संसद् में जूता चल गया तो भैया अपना नन्हा सा हार्ट फेल होने से नहीं बच पाएगा।

गुलाम अली : फेल होने के तो तुम अभ्यस्त रहे हो, रोशनलाल। जूनियर हाई स्कूल में तीन बार फेल हुए, हाई स्कूल में पाँच बार फेल हुए। इंटर में दो बार फेल हुए। फेल होने का इतना लंबा तजरबा है तुम्हारे पास, तो फिर काहे के लिए डर रहे हो हार्ट के फेल होने से। खुद फेल होते थे तो मार पड़ती थी, हार्ट फेल होगा तो सीधे जन्नत में जाओगे,

जन्नत में।

[दोनों धीमी हँसी हँसते हैं। संसद् की कार्यवाही आरंभ हो गई है। विपक्ष में बैठे किसी क्षेत्रीय दल के नेता ने जोर-जोर से बोलना आरंभ कर दिया है।]

सांसद : माननीय अध्यक्षजी! मेरे गैर-सरकारी प्रस्ताव पर सदन में चर्चा करने की अनुमति दें। दलितों और पिछड़ी जातियों को अड़सठ प्रतिशत आरक्षण तो मिलना ही चाहिए। हजारों-लाखों वर्षों से दलित और पिछड़ी जातियाँ अपने अधिकारों से वंचित हैं। उन्हें विकास के अवसर नहीं मिल रहे हैं। वे विकास की मुख्य धारा से अलग हो गई हैं। जब तक उन्हें मुख्य धारा में नहीं लाया जाएगा, देश से गरीबी दूर नहीं होगी। मैं माँग करता हूँ कि दलित एवं पिछड़ी जातियों को कुल मिलाकर अड़सठ प्रतिशत आरक्षण की व्यवस्था की जाए, चाहे इसके लिए संविधान में संशोधन ही क्यों न करना पड़े। अगर यह व्यवस्था नहीं की गई तो देश इक्कीसवीं सदी में नहीं जा सकेगा।

मुसलिम सांसद : *(वेशभूषा से मुसलिम दिखाई दे रहा है)* आरक्षण की बात चली है तो अल्पसंख्यकों को भी यह सुविधा उपलब्ध कराई जानी चाहिए। मुसलमान इस देश का सबसे बड़ा अल्पसंख्यक वर्ग है और आजादी के बाद से अब तक यह हर क्षेत्र में पिछड़ता रहा है। शिक्षा हो, रोजगार हो, सरकारी नौकरियाँ हों, इसे दूध की मक्खी की तरह निकालकर फेंक दिया गया है।

[सत्तापक्ष से भारी शोर मचना शुरू हो जाता है।]

कई सदस्य : *(एक साथ)* यह तथ्य नहीं है, यह संसदीय भाषा नहीं है। भारत में सबको बराबर के अवसर प्राप्त हैं।

मुसलिम सांसद : हाँ, यह मैं मानता हूँ कि यहाँ सबको बराबर के अधिकार प्राप्त हैं, पर संविधान के पन्नों पर, कानून की किताबों

में। अमल में भारी भेदभाव किया जाता है मुसलमानों के साथ।

[एक बार फिर शोर मचता है। किसी की कोई बात समझ में नहीं आती। शोर के बीच अध्यक्ष चिल्लाता है।]

अध्यक्ष : साइलेंट प्लीज, साइलेंट प्लीज।

[कोई चुप नहीं होता है। निरंतर शोर मचता रहता है।]

मुसलिम सांसद : *(शोर के बीच पूरी ताकत लगाकर चिल्लाते हुए)* मुसलमानों को उनकी आबादी के अनुपात में आरक्षण मिलना चाहिए, नौकरियों में भी, स्कूल-कॉलेजों में प्रवेश के लिए भी, संसद् और विधानसभाओं में भी।

अध्यक्ष : *(शोर के बीच)* सिट डाउन प्लीज, सिट डाउन प्लीज।

[अध्यक्ष के बार-बार कहने पर भी सांसद नहीं बैठता है और फर्राटे के साथ अपनी बात कहे चला जाता है।]

मुसलिम सांसद : अगर मुसलमानों को आरक्षण नहीं दिया गया तो यह उनके साथ भारी अन्याय होगा। फिर यह देश का सबसे बड़ा अल्पसंख्यक वर्ग सड़कों पर उतर आएगा, विद्रोह कर बैठेगा। सरकार उस कहावत को जानती होगी कि मरता क्या नहीं करता।

[शोर और तेज हो गया है।]

कोई सांसद : *(चिल्लाते हुए)* संसद् में धमकी की भाषा नहीं बोली जाएगी।

अध्यक्ष : साइलेंट प्जीज, साइलेंट प्लीज। आप बैठ जाइए, आप बैठ जाइए।

[मुसलिम सांसद बैठने के लिए तैयार नहीं होता है।]

मुसलिम सांसद : आरक्षण के नाम पर मुसलमान भीख नहीं माँग रहे हैं। यह उनका अधिकार है।

अध्यक्ष : मान्य सदस्यो! यह ठीक है कि आरक्षण पर चर्चा आज

के एजेंडे का मुख्य विषय है; पर आप लोग आवेश में न आएँ। सर्वसम्मति से कोई हल निकालें। एक बात का ध्यान और रखें कि यहाँ चर्चा राजनीतिक क्षेत्र में आरक्षण की हो रही है, किसी और क्षेत्र में आरक्षण की नहीं। आप विषय से इधर-उधर न हों।

मुसलिम सांसद : *(अध्यक्ष के आदेश के बावजूद अब तक नहीं बैठा है और बोलता चला जा रहा है)* मुसलमान आरक्षण का अधिकार लिये बगैर चैन से नहीं बैठेगा। उसे राजनीतिक क्षेत्र ही में नहीं, पुलिस, सेना और सुरक्षाबलों में भी आरक्षण दिया जाना चाहिए।

[सदन में फिर शोर मचता है।]

अध्यक्ष : *(बार-बार घंटी बजाकर)* सिट डाउन प्लीज, सिट डाउन प्लीज।

[मुसलिम सांसद के बैठने से पहले ही एक और सदस्य बोलना शुरू कर देता है। यह ईसाई है।]

ईसाई सांसद : मान्य अध्यक्ष महोदय!

[सदस्य अपनी बात आगे नहीं बढ़ा पाता। अध्यक्ष हस्तक्षेप करते हैं।]

अध्यक्ष : सिट डाउन प्लीज, सिट डाउन प्लीज! मान्य सदस्य क्रमानुसार बोलें। अव्यवस्था न फैलाएँ। जिनका नाम पुकारा जाए, वही अपने विचार व्यक्त करें, अन्यथा सदन की बैठक स्थगित कर दी जाएगी।

[ईसाई सांसद अध्यक्ष की चेतावनी पर ध्यान नहीं देता और निरंतर बोलता जाता है।]

ईसाई सांसद : इस देश में मुसलमान ही अकेले अल्पसंख्यक नहीं हैं, ईसाई हैं, बौद्ध हैं, जैन हैं, सिख हैं, पारसी हैं। आरक्षण मिलना है तो सबको मिले। संविधान में ऐसी व्यवस्था

होनी चाहिए कि प्रत्येक जाति, प्रत्येक समुदाय अपने-अपने हिस्से के आरक्षण का लाभ उठा सके।

अध्यक्ष : *(उत्तेजित होकर)* रुकिए, रुकिए। बी साइलेंट। विषय राजनीति में महिलाओं के आरक्षण का है। आप बिना क्रम के बोल रहे हैं। बैठ जाइए, बैठ जाइए।

[सांसद अध्यक्ष की बात को अनसुना कर देता है और शोर के बीच बोलता चला जाता है।]

ईसाई सांसद : समाज में महिलाएँ ही पीड़ित नहीं हैं, महिलाएँ ही अपने अधिकारों से वंचित नहीं हैं, अल्पसंख्यक भी हैं। पुरुष भी, नारियाँ भी। महिलाओं को राजनीतिक आरक्षण की बात चलती है तो हर जाति, हर वर्ग, हर संप्रदाय को आरक्षण मिलना चाहिए। मेरी माँग है ईसाई-बहुल मिजोरम प्रांत को ईसाई राज्य घोषित किया जाए। वहाँ के मुख्यमंत्री का स्थान हमेशा के लिए ईसाई वर्ग के लिए आरक्षित किया जाए।

[सदन में एक बार फिर जोर का शोर मचता है। शेम-शेम की आवाजें आती हैं। शोर में कोई बात सुनाई नहीं देती है, किंतु सांसद इस चीख-पुकार की परवाह न करते हुए बोलता चला जा रहा है।]

अध्यक्ष : *(बार-बार झुँझलाकर)* सिट डाउन प्लीज, सिट डाउन प्लीज।

[सदन के ईसाई सांसद अपना-अपना स्थान छोड़कर अध्यक्ष के आसन तक पहुँच जाते हैं।]

अध्यक्ष : *(चिल्ला-चिल्लाकर)* गो बैक, गो बैक। टेक योर सीट, टेक योर सीट।

[सदस्य न तो वापस लौटते हैं और न अपनी सीट पर बैठते हैं।]

ईसाई सांसद : ईसाइयों को उनके अधिकारों से वंचित किया जा रहा है।

अनेक सांसद : *(एक साथ चिल्लाते हुए)* यह झूठ है। यह झूठ है। ईसाइयों को जरूरत से अधिक छूट दी जा रही है देश में। समूचे उत्तर-पूर्वी भाग में ईसाई मिशनरियाँ धड़ल्ले से अपने धर्म का प्रचार का काम कर रही हैं। हजारों दलित और निर्धन लोगों का धर्म-परिवर्तन कराया जा चुका है लालच और प्रलोभन देकर।

ईसाई सांसद : यह निराधार है। यह झूठ है।

[संसद् में शोर और तेज हो गया है।]

सांसद-1 : *(अध्यक्ष के आसन के पास झपटकर जाते हुए)* यहाँ ईसाइयत नहीं चलेगी। मुसलमानियत नहीं चलेगी। यह लोकतंत्र है।

सांसद-2 : तुम कम्युनिस्ट हो, अधर्मी हो। वापस जाओ। गो बैक, गो बैक।

अध्यक्ष : टेक योर सीट। टेक योर सीट।

[शोर और ऊँचा हो जाता है।]

जटाधारी सांसद : संविधान में संशोधन कर इस देश को हिंदू-देश घोषित किया जाए। लोकतांत्रिक हिंदू-देश।

अध्यक्ष : सिट डाउन, सिट डाउन! बेकार मत बोलो।

[शोर के बीच सदस्य बोलता चला जाता है।]

जटाधारी सांसद : यह देश हिंदुओं का है और हिंदू ही यहाँ अपमानित जीवन जी रहे हैं, उपेक्षित जीवन जी रहे हैं। इन्हें अपने ही देश में एक मंदिर बनाने की अनुमति नहीं हैं। यह नहीं चलेगा। यह नहीं चलेगा।

मुसलिम सांसद : अयोध्या में मंदिर नहीं, मसजिद बनेगी, बाबरी मसजिद।

[सदन में फिर शोर ऊँचा हो गया है।]

अध्यक्ष : *(असहाय सा नजर आता है)* खेद की बात है कि मान्य

सदस्य असल विषय को छोड़कर इधर-उधर की अनर्गल बातों में उलझ रहे हैं। इससे सदन का कीमती समय बरबाद हो रहा है।

सांसद-3 : *(कहकहा लगाते हुए)* सदन भी अपना है, अध्यक्षजी भी अपने हैं और समय भी अपना है। बरबाद हो रहा है तो होने दो।

[सदस्य फिर शोर मचाते हैं।]

सांसद-4 : मंदिर नहीं बनेगा।

सांसद-5 : मंदिर जरूर बनेगा। मंदिर जरूर बनेगा।

सांसद-6 : बाबर की औलाद के मुँह को लगाम दी जाएगी।

[इन शब्दों के साथ ही सदन में अफरा-तफरी मच जाती है। खींचातानी और धक्का-मुक्की के बीच अध्यक्ष सदन की कार्यवाही को दो घंटे के लिए स्थगित कर देते हैं। गुलाम अली पास बैठे रोशनलाल की ओर देखता है तो पाता है कि उसकी आँखें बंद हैं और मुँह खुला है। वह आराम की नींद सो रहा है।]

गुलाम अली : *(कंधा हिलाकर रोशनलाल को जगाते हुए)* अरे रोशनलाल, कहाँ हो? तुम तो संसद् की कार्यवाही देखने आए थे और गुटका सुटककर सो गए चुपचाप।

रोशनलाल : *(सदस्यों से खाली सदन को देखते हुए)* कुछ पूछ मत गुलाम अली, नींद की झोंक में वह मजा आया है हमें कि कुछ पूछो मत!

गुलाम अली : कुछ बताओ तो सही, यार!

रोशनलाल : हम सपने में इक्कीसवीं सदी की संसद् चलते देख रहे थे।

गुलाम अली : देश तो अभी इक्कीसवीं सदी में पहुँचा नहीं, तुम्हारी संसद् चली गई दो पग रखकर अगली शताब्दी में। पर बताओ तो सही, क्या देखा तुमने?

[दृश्य बदलता है। रोशनलाल एक गुटका गुलाम अली को

भी खाने को देता है और स्वप्न मूर्त रूप में उसे भी दिखाई देने लगता है।]

गुलाम अली : यार, यह तो अजीब बात है, यहाँ तो नक्शा ही बदला हुआ है। भवन तो वही है, स्थानों की व्यवस्था भी वही है। दर्शक-दीर्घा भी वही है, पर पूरे सदन में जगह-जगह आरक्षण-पट्ट लगे हुए हैं।

रोशनलाल : हाँ भैया! यही तो मजा है इक्कीसवीं सदी के हमारे सदन का।

गुलाम अली : *(नीचे सदन की व्यवस्था की ओर ध्यान दिलाते हुए)* अरे, तुम देख रहे हो, रोशनलाल, पूरा सदन आरक्षण-ही-आरक्षण से भरा पड़ा है। जिधर देखो आरक्षण, जिधर देखो आरक्षण।

रोशनलाल : मैं तो देख चुका हूँ प्यारे, अब तुम देखो और मजा लो।

[आरक्षण की एक-एक सीट पर प्रकाश पड़ता जाता है और गुलाम अली ऊँची आवाज में पढ़-पढ़कर दोहराता जाता है।]

गुलाम अली : यह स्थान दलित महिलाओं के लिए आरक्षित है। यह स्थान पिछड़े वर्ग की महिलाओं के लिए आरक्षित है। यह स्थान मुसलिम संप्रदाय की महिलाओं के लिए आरक्षित है। यह स्थान ईसाई संप्रदाय की महिलाओं के लिए आरक्षित है। यह स्थान सिख धर्म की महिलाओं के लिए आरक्षित है। यह स्थान बौद्ध धर्म की महिलाओं के लिए आरक्षित है। यह स्थान जैन धर्म की महिलाओं के लिए आरक्षित है। यह स्थान आदिवासी कबीलों की महिलाओं के लिए आरक्षित है। यह स्थान वेश्या समुदाय की महिलाओं के लिए आरक्षित है और यह स्थान विधवा एवं तलाकशुदा श्रेणी की महिलाओं के लिए आरक्षित है।

रोशनलाल : गुलाम अली पढ़ते जाओ और बताते जाओ। देखने से ज्यादा सुनने में मजा आ रहा है मुझे। *(रोशनलाल ऊँघते हुए नशीली आवाज में उत्तर देता है।)*

गुलाम अली : *(पुरुष स्थानों की ओर नजर डालते हुए)* यह स्थान दलित

आरक्षण की एक–एक सीट पर प्रकाश पड़ता जाता है और गुलाम अली ऊँची आवाज में पढ़–पढ़कर दोहराता जाता है।

पुरुषों के लिए आरक्षित है। यह स्थान पिछड़ा वर्ग के पुरुषों हेतु आरक्षित है। यह स्थान सवर्ण जाति के पुरुषों के लिए आरक्षित है। फिर प्रत्येक स्थान पर अलग-अलग चिट लगी हुई है। तुम देख रहे हो, रोशनलाल।

रोशनलाल : हाँ, हाँ गुलाम अली, मैं देख रहा हूँ।

गुलाम अली : देखो, यह स्थान हरिजन के लिए आरक्षित है। यह स्थान वाल्मीकि सदस्यों के लिए आरक्षित है। यह स्थान हलालखोर सदस्य के लिए आरक्षित है।

रोशनलाल : *(व्यंग्य करते हुए)* यानी सारे स्थान हरामखोरों के लिए आरक्षित हैं।

गुलाम अली : अरे, तुम थोड़ा चुप तो रहो, यहाँ तो सदन का नक्शा ही बदल गया है। देखो, अगला स्थान जाट जाति के लिए आरक्षित है। उससे अलग बनिया जाति के लिए। उससे अगला यादव जाति के लिए।

रोशनलाल : और आगे बढ़ो, और आगे बढ़ो, गुलाम अली।

[गुलाम अली नशे की झोंक में आगे बड़बड़ाता है।]

गुलाम अली : यह देखो, अगले स्थान एक-एक करके पेशेवर जातियों के लिए आरक्षित हैं। यह तेली के लिए, वह तंबोली के लिए, वह कुंभकार के लिए, वह सुनार के लिए, वह बढ़ई के लिए, वो हज्जाम के लिए, वह सैनी बिरादरी के लिए, वह पाल बिरादरी के लिए। सदन में सारी की सारी लगभग साढ़े पाँच सौ सीटें किसी-न-किसी के लिए आरक्षित हैं।

रोशनलाल : जरा उधर दक्षिण की ओर नजर डालकर देखो।

[नशे की झोंक में गुलाम अली बताई हुई दिशा में नजर डालकर देखता है।]

गुलाम अली : *(हँसते हुए)* वाह भाई रोशनलाल, वाह! यहाँ तो कुछ स्थान अपराधी-वर्ग के सदस्यों के लिए भी आरक्षित हैं, कुछ पूँजीपति वर्ग के लिए, कुछ दलालों के लिए और

कुछ कर्मचारी वर्ग के प्रतिनिधियों के लिए, पर भाई रोशनलाल, यह बात समझ में नहीं आई कि अपराधियों को आरक्षण क्यों दिया गया है?

रोशनलाल : *(व्यंग्य से मुसकराते हुए)* इसमें न समझनेवाली बात कौनसी है, गुलाम अली। यह तो तुम्हें मानना ही पड़ेगा कि अपराधी हमारे समाज का सबसे महत्त्वपूर्ण भाग है। समाज का ही नहीं, राजनीति का भी। राजनीति तो अपराधियों के बिना चल ही नहीं पाती है अब! इन्हें आरक्षण न मिलता तो क्या तुम जैसे फटीचर लेखक को मिलता?

गुलाम अली : हाँ, भाई रोशनलाल! तुमने खूब याद दिलाया, यहाँ सबके लिए स्थान आरक्षित हैं, पर कवियों, लेखकों के लिए कोई स्थान आरक्षित नहीं है। ऐसा क्यों है भाई?

रोशनलाल : इसलिए कि कवियों-लेखकों की कोई जाति होती ही नहीं। आरक्षण तो जातिवाद के आधार पर होता है, अजाति के आधार पर नहीं होता है।

गुलाम अली : तुम ठीक कहते हो, रोशनलाल।

[गुलाम अली नशे की झोंक में रोशनलाल का कंधा पकड़कर उठना चाहता है।]

रोशनलाल : कहाँ जा रहे हो, गुलाम अली? बैठ जाओ। अभी इक्कीसवीं सदी की आरक्षित संसद् की कार्यवाही शुरू होनेवाली है, उसे देखकर जाना।

[गुलाम अली फिर अपनी सीट पर बैठ जाता है। संसद् की कार्यवाही शुरू होती है। वातावरण एकदम शांत है।]

गुलाम अली : *(रोशनलाल के कान में फुसफुसाते हुए)* यार रोशनलाल, इक्कीसवीं सदी की इस आरक्षित संसद् में शोर-शराबा बिलकुल नहीं है। कोई हंगामा नहीं, कोई बलवा नहीं।

रोशनलाल : हंगामा अब कौन करेगा, गुलाम अली, सारे-के-सारे तो सुरक्षित हो गए, यानी आरक्षित हो गए? अब शोर-शराबा

सदन से बाहर होता है, सदन के अंदर नहीं। क्योंकि मान्य सदस्य जब सदन के भीतर आते हैं तो समस्याएँ सदन के बाहर छोड़कर आते हैं।

[तभी अध्यक्ष की आवाज आती है। पिछले सत्र में कुछ मान्य सदस्यों ने राजधानी में सांप्रदायिक हिंसा की ओर सदन का ध्यान आकर्षित किया था। प्रधानमंत्री इस संबंध में बयान देंगे।]

सत्तापक्ष सांसद : प्रधानमंत्री सदन में उपस्थित नहीं हैं।

अध्यक्ष : गृहमंत्री इस विषय में रिपोर्ट दें।

दूसरा सांसद : गृहमंत्री भी सदन में नहीं हैं।

अध्यक्ष : गृह राज्यमंत्री को बुलाया जाए।

गृह राज्यमंत्री : अध्यक्ष महोदय, सांप्रदायिक हिंसा हो, जातीय हिंसा हो, गुटीय हिंसा हो, आपराधिक हिंसा हो, पुलिस मार्का हिंसा हो, किसी भी प्रकार की हिंसा हो–अब इस सदन की समस्या नहीं रही है। हिंसावादी शक्तियाँ सदन से बाहर ही निबट रही हैं। आरक्षित सदस्यों से इस प्रकार की हिंसाओं का कोई लेना-देना नहीं है। जब तक सभी श्रेणियों के सदस्यगण आरक्षित नहीं थे, तब तक सदन में छोटी-छोटी बात पर हिंसा होती थी। अब हिंसा सदस्यों की चिंता का विषय नहीं रहा है, इसलिए मान्य अध्यक्ष महोदय, आप सांप्रदायिक हिंसा का विषय छोड़ें, संसद् का समय नष्ट न होने दें और सम्मानित सदस्यों को नींद के मजे लेने दें।

[गुटके का असर समाप्त हुआ तो रोशनलाल और गुलाम अली ने देखा कि सदन फिर खचाखच भर गया है। स्थगन की अवधि गुजरने के बाद संसद् की कार्यवाही फिर शुरू हो गई है। शोर फिर मचने लगा है।]

सांसद-1 : आरक्षण दिया जाएगा तो वर्गवार दिया जाएगा, सामूहिक रूप में नहीं।

दोनों दर्शक गैलरी से जाने लगते हैं और परदा गिर जाता है।

सांसद-2 : इससे जातिवाद बढ़ेगा, देश टूट जाएगा।

[अनेक सदस्य चिल्लाते हैं– टूटने दो, टूटने दो। शोर में किसी की बात सुनाई नहीं देती तो रोशनलाल घबरा जाता है।]

रोशनलाल : भाग चलो, गुलाम अली, भाग चलो यहाँ से। इसी में हमारा कल्याण है।

[दोनों दर्शक गैलरी से जाने लगते हैं और परदा गिर जाता है।]

(समाप्त)

मुरारीलाल अपने मकान की दाईं तरफ वाले मकान में रहनेवाले गुल मुहम्मद को आवाज देता है।

रसोईबंद हड़ताल

पात्र-परिचय

मुरारीलाल, श्याम सिंह, गुल मुहम्मद
रविशंकर, दीनानाथ : विभिन्न दफ्तरों के बाबू।
चमेलीबाई : मुरारीलाल की पत्नी
छबीली देवी : हड़ताली महिलाओं की नेत्री

[शाम के पाँच बज चुके हैं। श्याम सिंह नामक एक व्यक्ति, जो वेशभूषा से किसी दफ्तर का बाबू जैसा दिखाई दे रहा है, धीरे-धीरे आता हुआ दिखाई देता है। व्यक्ति सड़क के किनारे बने एक घर में प्रवेश करता है। घर इस समय बिलकुल खाली है। व्यक्ति रुक-रुककर तीन-चार बार आवाजें लगाता है— 'बंटी की मम्मी, अरे ओ बंटी की मम्मी!' पर अंदर से न तो किसी महिला का उत्तर आता है और न ही स्वयं महिला आती है। व्यक्ति घर में इधर-उधर घूमता है। रसोई की तरफ जाता है। रसोई पर ताला लगा है। उसके द्वार पर एक नोटिस चिपका हुआ है। व्यक्ति ध्यान से नोटिस को पढ़ता है और फिर घबराकर अपने पड़ोसी को आवाज लगाता है।]

श्याम सिंह : मुरारी बाबू! अरे भाई बाबू मुरारीलालजी! दफ्तर से आ गए हो क्या?

मुरारीलाल : (*बाहर आकर*) हाँ! आ गया हूँ, श्याम बाबू।

श्याम सिंह : चाय-नाश्ता कर लिया क्या?

मुरारीलाल : चाय-नाश्ता कहाँ से कर लेता? चाय-नाश्ता कराने वाली ही नहीं है घर में।

श्याम सिंह : क्या भाभी भी नहीं हैं घर में?

मुरारीलाल : नहीं! हड़ताल पर चली गई।

श्याम सिंह : जरा पड़ोस के गुल मुहम्मद के घर आवाज देकर पूछो। उसकी घरवाली घर में है या नहीं।

[मुरारीलाल अपने मकान की दाईं तरफ वाले मकान में रहनेवाले गुल मुहम्मद को आवाज देता है।]

मुरारीलाल : बाबू गुल मुहम्मद, ओ बाबू गुल मुहम्मद!

गुल मुहम्मद : (*बाहर आकर*) क्यों बाबू मुरारीलाल, बोलो, क्या बात है?

मुरारीलाल : अरे, बेगम साहिबा घर में हैं?

गुम मुहम्मद : नहीं हैं। रसोई में ताला लगाकर चली गई हड़ताल पर।

मुरारीलाल : गुल मुहम्मद, एक तुम्हारा ही नहीं सभी का यह हाल है।

गुल मुहम्मद : लेकिन क्यों? आखिर पता तो चले कि माजरा क्या है?

मुरारीलाल : माजरा-वाजरा कुछ नहीं है, महिलाओं ने रसोईबंद हड़ताल शुरू कर दी है आज से। पूरे मुहल्ले की गृहिणियाँ अपने-अपने घरों की रसोई को ताला ठोंककर बाहर चली गई हैं, किसी स्थान पर सभा वगैरह करने। यानी हम सबकी घरवाली अब 'बाहरवाली' हो गई हैं।

गुल मुहम्मद : और रसोई पर हड़ताल का नोटिस चिपका गई हैं?

मुरारीलाल : बाबू गुल मुहम्मद, तो क्या मुहल्ला-व्यापी हड़ताल है यह!

गुल मुहम्मद : मुहल्ला-व्यापी नहीं, नगर-व्यापी भी हो सकती है, बाबू मुरारीलाल!

मुरारीलाल : जरा तुम अपनी बगल में रहनेवाले बाबू रविशंकर से पूछो! उनके घर का क्या हाल है?

गुल मुहम्मद : *(आवाज लगाते हुए)* अरे भाई बाबू रविशंकर, बाबू

रविशंकरजी हैं क्या?

रविशंकर : (*बाहर आकर*) हूँ और जन्मजली को कोस रहा हूँ।

गुल मुहम्मद : किसे? किसे कोस रहे हो, बाबू रविशंकर?

रविशंकर : घरवाली को, यानी रसोईवाली को। ताला ठोंककर चली गई है रसोईबंद हड़ताल पर।

गुल मुहम्मद : अच्छा, अच्छा! तुम आस-पास के सब लोगों को लेकर बाबू मुरारीलाल के यहाँ आ जाओ। वहीं बैठकर आपस में विचार-विमर्श करते हैं कि इस रसोईबंद हड़ताल का मुकाबला कैसे किया जाए!

[सब लोग बाबू मुरारीलाल की बैठक में इकट्ठे हो जाते हैं। श्याम सिंह, गुल मुहम्मद, रविशंकर, दीनानाथ– सब इस बात को लेकर चिंतित हैं कि सब घरों की गृहिणियाँ अपनी-अपनी रसोई में ताला लगाकर रसोईबंद हड़ताल पर चली गई हैं। अभी बाबुओं की पंचायत जुड़ी ही थी कि अनायास बाबू मुरारीलाल की धर्मपत्नी चमेलीबाई घर में प्रवेश करती हैं। मुरारी बाबू प्रसन्न होकर पूछते हैं।]

मुरारीलाल : (*खुश होकर*) अच्छा, अच्छा, चमेलीबाई, तुम आ गईं।

चमेलीबाई : नहीं, नहीं, हड़ताल तोड़कर नहीं आई हूँ। साड़ी बदलने आई हूँ, साड़ी।

मुरारीलाल : (*तनिक ताव दिखाते हुए*) तुम्हें अपने पति का नाश्ता-पानी तो याद रहा नहीं, साड़ी याद रही हड़ताल में भी। अजीब बात है!

चमेलीबाई : अजीब-वजीब कुछ नहीं है। जिस नारी को साड़ी याद नहीं, वह अनाड़ी है। समझे या नहीं समझे!

मुरारीलाल : समझा चमेलीबाई, समझा। और मैं तो अब से नहीं, पिछले दस साल से समझ रहा हूँ। तुम ही मुझे समझने का प्रयास नहीं करती हो कभी।

[चमेलीबाई सुनी-अनसुनी करती हुई भीतर चली जाती है

और थोड़ी देर बाद नई साड़ी बदलकर कमरे में आती है।]

चमेलीबाई : अच्छा जी! पति महाराज, मैं चलती हूँ।

मुरारीलाल : कहाँ जा रही हो? कुछ बताती तो जाओ।

चमेलीबाई : हड़ताल पर, महिला कल्याण केंद्र में। वहाँ पूरे शहर की गृहिणियाँ बैठी हैं रसोईबंद हड़ताल किए हुए।

मुरारीलाल : पर हमारी बात तो सुनती जाओ।

चमेलीबाई : बोलो। *बैठक में एक खाली कुरसी पर बैठ जाती है।)*

[कुछ क्षण सबके बीच एक बोझिल सी चुप्पी छाई रहती है। फिर खामोशी को तोड़ते हुए मुरारी बाबू अपनी पत्नी से पूछते हैं।]

मुरारीलाल : यह तुम लोगों ने पूर्व नोटिस दिए बिना हड़ताल कैसे बोल दी? नियमानुसार तुम लोगों को हफ्ता-दस दिन पहले नोटिस देना चाहिए था हड़ताल का। यह तो घोर अनैतिकता है, घोर अनैतिकता।

चमेलीबाई : नैतिकता के दिन लद गए। अब चट मँगनी पट ब्याह का युग है। इधर निर्णय लिया, उधर हड़ताल। यह क्या बात हुई कि पहले सर्वसम्मति से हड़ताल पर जाने का फैसला किया। फिर सत्ता पक्ष यानी पति पक्ष को पंद्रह दिन पहले नोटिस दो। नोटिस का जवाब न मिलने पर हड़ताल भी की तो किस्तों में, थोड़ी-थोड़ी। पहले नियमानुसार कामवाली मिनी हड़ताल, फिर पेन डाउन या टूल डाउन हड़ताल। फिर सामूहिक अवकाशवाली हड़ताल। फिर बाँहों पर काली पट्टी बाँधनेवाली हड़ताल। फिर कार्यालय से पहले और कार्यालय के बाद धरना देनेवाली हड़ताल। अधिकारियों का घेराव करनेवाली हड़ताल। फिर पूर्ण रूप से कामबंद हड़ताल। फिर क्रमिक अनशनवाली हड़ताल और आत्महत्या करनेवाली यानी आमरण-अनशन हड़ताल। इतने लंबे गलियारे से गुजरकर जाने का समय अब किसके पास है

जी। हम लोग तो इस सिद्धांत पर चलते हैं कि गोली अंदर, दम बाहर। भूख तुम्हारे हिस्से और हड़ताल हमारे हिस्से।

मुरारीलाल : तुम तो किसी मँजे हुए नेता की तरह भाषण झाड़ रही हो, चमेलीबाई।

चमेलीबाई : और नहीं तो क्या? जीवन भर बरतन ही थोड़े माँजते रहेंगे हम लोग। अब बरतन नहीं माँजेंगे, तुम्हें माँजेंगे।

श्याम सिंह : अच्छा भाभी! माँजती रहना आप मुरारी बाबू को, पर जरा चार कप चाय तो बनाती जाओ। बड़ी थकान हो रही है, तुम्हारी कसम!

चमेलीबाई : *(ऐंठकर)* पता नहीं है, मैं रसोईबंद हड़ताल पर हूँ!

रविशंकर : हड़ताल भी चलती रहे और रोटी-दाल भी चलती रहे, इसमें क्या बुराई है, भाभी?

चमेलीबाई : नहीं, नहीं जी, यह फ्रॉड नहीं होगा हमसे। एक बार रसोई में ताला पड़ गया तो पड़ गया। यह तो अब उसी समय खुलेगा जब हमारी सारी न्यायसंगत माँगें मान ली जाएँगी।

मुरारीलाल : अच्छा! तुम ताला मत खोलो, हम तोड़ देंगे ताले को और स्वयं बना लेंगे चाय-नाश्ता।

चमेलीबाई : तुम ताला तोड़ोगे, हम लोग तुम्हारा सिर तोड़ेंगी *(कुछ क्षण रुककर)* हड़ताली महिलाएँ नहीं चाहतीं कि उनका आंदोलन हिंसा की तरफ मुड़े, पर यदि आप लोग हिंसा पर उतरेंगे तो हम भी हिंसा का सहारा लेने के लिए मजबूर हो जाएँगी। वैसे हम शांतिप्रिय हैं।

गुल मुहम्मद : पर यह तो बताओ भाभी, रसोईबंद रहेगी तो हम लोग काम कैसे करेंगे? काम नहीं करेंगे तो तुम्हें आराम कैसे देंगे, तुम लोगों के मुँह में लगाम कैसे देंगे? यानी मौज-मस्ती करने के लिए दाम कैसे देंगे?

चमेलीबाई : जैसे भी हो, पर यह तो आर-पार की लड़ाई है।

रविशंकर : कोई समझौते का रास्ता निकालो भाभी, समझौते का।

चमेलीबाई : हमने कब इनकार किया है समझौते से? तुम पति लोग

हमारी न्यायोचित माँगें मान लो। आज ही से रसोईबंद हड़ताल समाप्त। नहीं मानोगे तो जान लो कि लड़के-लड़कियाँ सब हमारे साथ हैं, कल से 'राह-रोको' और 'पति-घेराव' कार्यक्रम शुरू हो रहा है।

श्यामनाथ : लड़ाई से बेहतर समझौता होता है, भाभी। तुम गृहिणियाँ बातचीत से समस्याएँ सुलझा लो, यही अच्छा है। अड़ियल रवैये से स्थिति बिगड़ सकती है।

चमेलीबाई : धौंस मत दो। समझौता करना है तो विनम्र होकर करो।

मुरारीलाल : पर बाबू रविशंकरजी, इन लोगों की तो माँगें ही इतनी टेढ़ी हैं कि कोई समझौता हो ही नहीं सकता। आपने इन लोगों की ओर से दिया गया नोटिस पढ़ ही लिया होगा।

गुल मुहम्मद : अरे मुरारी बाबू! दो कदम ये पीछे हटेंगी, दो कदम हम पीछे हटेंगे। कहीं-न-कहीं पहुँचकर हो ही जाएगा समझौता। बिंदुवार बात तो शुरू करो।

चमेलीबाई : बात यहाँ शुरू नहीं होगी, वहीं चलो हमारे साथ महिला कल्याण केंद्र। वहाँ तुम लोग हमारी सर्वमान्य नेता बहन छबीली देवी से खुलकर वार्त्ता कर सकते हो।

[चारों पुरुष चमेलीबाई के साथ महिला कल्याण केंद्र में जाने के लिए उठ खड़े होते हैं।]

[महिला कल्याण केंद्र में दर्जनों महिलाएँ बैठी हैं और गपशप करने में व्यस्त हैं।]

एक महिला : पिछले दिनों मैंने अपने पति को रँगे हाथों पकड़ा।

दूसरी महिला : कैसे बहनजी, कैसे?

पहली : मुझे सूँघ लग गई कि मेरे पतिदेव अपनी प्रेमिका को लिये 'प्यार किया तो डरना क्या' फिल्म देख रहे हैं। फिर क्या था, जा धमकी मैं वहाँ शेरनी की भाँति। बोली, प्यार करोगे तो डरना तो पड़ेगा पतिजी। हमने पतिदेव को मजबूर किया कि वे हॉल में बैठे सभी दर्शकों के सामने कान पकड़कर और ठुमक-ठुमककर उस गाने की यह

पंक्ति दस बार दोहराएँ– दो दिलों को यह दुनिया मिलने ही नहीं देती।

तीसरी महिला : अरे क्या सचमुच?

पहली महिला : और क्या झूठमूठ?

चौथी महिला : तो फिर क्या हुआ?

पहली महिला : होना क्या था, पतिदेव ने भरे हॉल में सबके सामने ठुमक-ठुमककर गाना गाया– 'दो दिलों को यह दुनिया मिलने ही नहीं देती' और उनकी प्रेमिका से हमने कान पकड़वाकर पचास बैठकें लगवाईं।

पाँचवीं महिला : क्या सच कह रही हो, बहन!

पहली महिला : बिलकुल सच!

[चमेलीबाई के साथ सभी पुरुष 'महिला कल्याण केंद्र' में प्रवेश करते हैं, जहाँ छबीली देवी पूरे नेताई हाव-भाव से महिलाओं के बीच घिरी बैठी है। चारों पुरुष अपनी-अपनी जगह बैठ जाते हैं और हड़ताल के संबंध में समझौता-वार्त्ता शुरू हो जाती है।]

छबीली देवी : आप लोग जब तक हमारी सारी न्यायोचित माँगें स्वीकार नहीं कर लेंगे, तब तक रसोई का ताला नहीं खुलेगा।

गुल मुहम्मद : छबीली देवीजी, मूर्खों वाली बात मत करो। रसोई का ताला नहीं खोलोगी तो स्वयं क्या खाओगी। भूखी मरोगी क्या?

छबीली देवी : भूखे तुम लोग मरोगे, हम नहीं। जब तुम लोग ऑफिस चले जाओगे तब हम खूब डटकर भोजन करेंगी और हड़ताल पर आ बैठेंगी।

श्याम सिंह : भला यह कैसे हो सकता है, श्रीमती छबीली देवीजी?

छबीली देवी : क्यों नहीं हो सकता?

मुरारीलाल : इसलिए नहीं हो सकता, बहनजी, कि नारियाँ स्वभाव से पतिव्रता होती हैं। वे उस समय तक भोजन कर ही नहीं सकतीं जब तक पतिदेव को भोजन न करा दें।

छबीली देवी : *जैसे? बताओ, कौन–कौन सी माँग तर्कसंगत नहीं है?*

छबीली देवी : किस जमाने की बात कर रहो हो, बाबू मुरारीलालजी? वह दिन गए, जब खलील खाँ फाख्ता उड़ाया करते थे और महिला चूल्हा झोंका करती थी। अब गृहिणियाँ पहले स्वयं खाती हैं, फिर पति को खिलाती हैं, बचा-खुचा।

[महिलाओं के समूह में हँसी फूटती है, तालियाँ बजती हैं।]

रविशंकर : इन फालतू बातों को छोड़ो जी। असली मुद्दे पर आओ।

छबीली देवी : बिलकुल! आ जाओ असली मुद्दे पर। हमने कब कहा कि असली मुद्दे से भटको।

मुरारीलाल : यह जो महिलाओं द्वारा नोटिस दिया गया है, इसमें बहुत सी माँगें तर्कसंगत नहीं हैं। ये तो स्वीकार की ही नहीं जा सकतीं।

छबीली देवी : जैसे? बताओ, कौन-कौन सी माँगें तर्कसंगत नहीं हैं?

[मुरारी बाबू रसोईघर से गया नोटिस जेब से निकालते हैं और एक-एक बिंदु पर बहस करते हैं।]

मुरारीलाल : आप लोगों का यह कहना बिलकुल सही है कि पिछले कुछ समय से महँगाई काफी बढ़ गई है और रुपए की कीमत लगभग पचहत्तर प्रतिशत कम हो गई है।

चमेलीबाई : तो इसका मतलब यह हुआ पुरुषो, कि एक महिला को दोहरी मार सहनी पड़ रही है, यानी जबरदस्त महँगाई भी और रुपए के मूल्य में घटोतरी भी; किंतु आप लोग हैं कि घरेलू खर्च में बढ़ोतरी करने का नाम ही नहीं लेते।

श्याम सिंह : बढ़ोतरी कहाँ से करें? आमदनी कहाँ बढ़ी है हम लोगों की!

छबीली देवी : नोटिस में उसी का हल तो सुझाया है हमने।

चमेलीबाई : ध्यान से पढ़ो नोटिस को। साफ-साफ लिखा है कि या तो सरकार पर दबाव डालकर अपना वेतन बढ़वाओ या फिर रिश्वत का रेट दोगुना कर दो। यानी सौ प्रतिशत वृद्धि कर दो रिश्वत के गैरों में।

दीनानाथ : पर बहनजी, ऐसा संभव कहाँ है? जनता को आखिर कितना

निचोड़ा जा सकता है?

छबीली देवी : अरे दीनानाथजी, जनता में बहुत दम है। जितना निचोड़ो, वह उतना ही अधिक रस देती रहती है। तुम्हें तो निचोड़ना ही नहीं आता।

चमेलीबाई : बहन, इन पुरुषों को तो बस गृहिणियों को निचोड़ना आता है। अपनी-अपनी धर्मपत्नियों को निचोड़े जाएँगे, और कुछ नहीं करेंगे ये।

मुरारीलाल : निचोड़ने की भी कोई हद होती है, भाभी। रिश्वत भी तो वादकारी से उतनी ही ली जा सकती है जितनी उसमें क्षमता हो। क्षमता से बाहर कोई पैसा कैसे दे सकता है भला?

छबीली देवी : वादकारी अपनी क्षमता से बाहर जाकर पैसा नहीं दे सकता तो हम गृहिणियाँ भी अपनी क्षमता से बाहर जाकर तुम्हें रोटी नहीं दे सकतीं। इसलिए रसोईघरों का ताला नहीं खुलेगा। रसोईबंद हड़ताल जारी रहेगी।

[सब महिलाएँ छबीली देवी के इस निर्णय पर जोर-जोर से नारा लगाती हैं– रसोईबंद हड़ताल जारी रहेगी, रसोईबंद हड़ताल जारी रहेगी।]

गुल मुहम्मद : यह नारेबाजी बंद करो। समस्या का हल बातचीत से निकालो।

छबीली देवी : कान खोलकर अच्छी तरह सुन लो, पुरुष लोगो! घर के खर्च के लिए जो धनराशि इस समय तुम लोग दे रहे हो, उतने में काम चलनेवाला नहीं है। या तो वेतन बढ़वाओ या फिर रिश्वत, यानी ऊपर की आमदनी बढ़ाओ।

मुरारीलाल : फिलहाल ये दोनों बातें संभव नहीं हैं। सरकार छह महीने पहले ही वेतन-वृद्धि कर चुकी है।

चमेलीबाई : वृद्धि नहीं थी वह, रद्दी थी, एकदम रद्दी। ऊँट के मुँह में जीरा। इससे काम नहीं चलेगा।

गुल मुहम्मद : लेकिन फिलहाल न तो वेतन-वृद्धि की संभावना है और न ऊपर की आमदनी बढ़ाने की। कोई और रास्ता निकालो।

छबीली देवी : तीसरा रास्ता हमने नोटिस में सुझाया है।

मुरारीलाल : *(नोटिस पर नजर डालते हुए)* कटौती! नोटिस में लिखा है कि पुरुष अपने पर्सनल खर्चों में कटौती करें।

रविशंकर : लेकिन सवाल यह है कि महिलाएँ अपने पर्सनल खर्चों में कटौती क्यों नहीं करें?

चमेलीबाई : महिलाओं का पर्सनल खर्चा है ही क्या?

मुरारीलाल : है क्यों नहीं ... सेंट है, सुरमा है, आई ब्रो है, नेल पॉलिश है, तेल है, शैंपू है, हेयर बैंड है, और पता नहीं क्या-क्या है अल्लम-गल्लम।

चमेलीबाई : ये अल्लम-गल्लम नहीं हैं, मूल आवश्यकताएँ हैं महिलाओं की।

छबीली देवी : आवश्यकताएँ नहीं, मूल अधिकार हैं ये महिलाओं के। शृंगार करना महिला का मूल अधिकार है। पुरुष समाज उसे उसके मूल अधिकार से वंचित नहीं कर सकता।

[महिलाएँ शोर मचाती हैं– नहीं कर सकता, नहीं कर सकता।]

गुल मुहम्मद : बड़ी समस्या यह है श्रीमती चमेली देवीजी, शृंगार-सामग्री में आप गृहिणियाँ इतना अधिक खर्च कर देती हैं कि उसका सीधा असर रसोई पर पड़ता है।

रविशंकर : बिलकुल उसी प्रकार, जिस प्रकार हमारी सरकार उत्पादक-कार्यों की जगह अनुपादक कार्यों में अधिक धन खर्च कर देती है। वह अपने रखरखाव पर जितना खर्च करती है, उतना विकास-कार्यों पर खर्च नहीं करती। इसलिए आप देख रहे हैं कि सरकार की रसोई का हाल भी वही हो गया है, जो इन गृहिणियों ने हमारे घरों की रसोइयों का कर दिया है।

दीनानाथ : *(जोर से नारा लगाते हुए)* गांधी बाबा की जय बोलो, आवे का आवा टेढ़ा है।

छबीली देवी : गांधी बाबा ने सरल जीवन और किफायत की शिक्षा दी

है। तुम लोग उसपर अमल करो।

मुरारीलाल : लेकिन यह शिक्षा तुम लोगों के लिए भी तो होगी।

छबीली देवी : नहीं, यह केवल पुरुषों के लिए है। गांधी बाबा ने कब कहा कि महिलाएँ शृंगार न करें, बन-सँवरकर न रहें। याद करो, गांधी बाबा स्वयं लँगोटी बाँधते थे, पर अपनी धर्मपत्नी माँ कस्तूरबा को लँगोटी बाँधने के लिए विवश कभी नहीं किया। वे जब भी देखी गईं, फुल ब्लाउज और फुल साड़ी में ही देखी गईं। इसलिए पर्सनल खर्च में कटौती पुरुष लोग ही करेंगे, हम नहीं करेंगी।

श्याम सिंह : अच्छा, बताइए, आप लोग हमारे पर्सनल खर्च में क्या-क्या कटौती चाहती हैं?

छबीली देवी : सुनिए, कटौती नंबर एक, चूँकि महँगाई सौ प्रतिशत बढ़ गई है, इसलिए आपमें से जो पति अब तक चार फुलके खाया करता था, वह दो फुलके खाएगा। दो सुबह को, दो शाम को।

मुरारीलाल : ये बहुत कम हैं। पुरुषों को भुखमरी के कगार पर पहुँचा देंगी ये।

गुल मुहम्मद : अरे बाबू मुरारीलाल, भुखमरी के कगार पर तो अब भी खड़े हैं हम लोग। यों कहो कि दो फुलके तो मरघट तक पहुँचा देंगे हमें, मरघट तक।

छबीली देवी : इससे अधिक एक कौर भी नहीं मिलेगा तुम लोगों को। तुम लोग रिश्वत के रेट नहीं बढ़ा सकते, हम तुम्हारे फुलके नहीं बढ़ा सकतीं, समझे!

[महिलाएँ नारे लगाती हैं— नहीं बढ़ा सकतीं। नहीं बढ़ा सकतीं।]

श्याम सिंह : अच्छा, इस बिंदु पर आगे गौर करेंगे, अगली कटौती बोलो।

छबीली देवी : तुम लोगों को अपनी-अपनी परंपरागत पोशाकों में कटौती करनी होगी।

मुरारीलाल : पोशाकों में कटौती *(मुरारी की आँखें फैल जाती हैं)* क्या

अब नंगे रहना होगा हमें।

छबीली देवी : नहीं-नहीं, नंगा हम तुम्हें नहीं करेंगी, नंगे तो कपड़े रहते हुए भी तुम हो ही। कटौती का मतलब यह है कि आगे से तुम लोगों की फुल ड्रेस नहीं सिलेगी। कपड़ा महँगा है, दर्जी महँगा है, धुलाई महँगी है, इसलिए आगे से तुम लोग हाफपैंट और स्लीवलेस़ शर्ट में ऑफिस जाओगे, पैंट-शर्ट में नहीं। कल से पैंट नहीं पहनोगे, निकर पहनोगे, ताकि सरकार को लगे कि सचमुच, तुम महँगाई झेल रहे हो।

रविशंकर : यह कैसे हो सकता है जी, यह कैसे हो सकता है?

चमेलीबाई : हो क्यों नहीं सकता, रसोई चलानी है तो कटौती करनी ही पड़ेगी, खाने में भी और पहनावे में भी।

[पुरुष शोर मचाते हैं– हम नहीं मानेंगे, हम नहीं मानेंगे।]

मुरारीलाल : *(पुरुषों को शांत करते हुए)* अच्छा, इस बिंदु पर बाद में गौर किया जाएगा। आप अगली यानी कटौती नंबर तीन की चर्चा करें।

छबीली देवी : कटौती नंबर तीन के अंतर्गत आप लोगों से संबंधित कोई खाने-पीनेवाला मेहमान नहीं आएगा घर में और यदि आएगा तो वह अपना खाना-दाना अपने साथ लेकर आएगा।

मुरारीलाल : लेकिन खाना-दाना तो वह अब भी अपने साथ ही लेकर आता है।

चमेलीबाई : क्या बात करते हो जी, बताओ, कौन लाता है अपने साथ?

मुरारीलाल : बड़े-बूढ़े कह गए हैं, मेहमान तो थाल में अपनी किस्मत का खाता है।

चमेलीबाई : बड़े रूढ़िवादी हो जी तुम। अब बड़ों का कहा नहीं चलता, समय का कहा चलता है।

मुरारीलाल : पर मेहमान को कोई कैसे रोक सकता है, चमेलीबाई?

[पुरुष लोग शोर मचाते हैं– हम इसे नहीं मानेंगे, हम इसे नहीं मानेंगे।]

गुल मुहम्मद : *(हाथ उठाकर पुरुषों को शांत करते हुए)* अच्छा, इस बिंदु

पर भी बाद में विचार किया जाएगा। अब आप लोग कटौती नंबर चार प्रस्तुत करें।

छबीली देवी : कटौती नंबर चार के अंतर्गत कल से आप लोग अखबार नहीं खरीदेंगे। तब जो पैसा बचेगा, उसे रसोई के बढ़ते जा रहे घाटे में लगाएँगे।

दीनानाथ : लेकिन अखबार पढ़े बिना दुनिया जहान के हालात का पता कैसे चलेगा हमें!

छबीली देवी : बड़े मूर्ख हो जी तुम! हमने अखबार खरीदने से रोका है, पढ़ने से नहीं रोका, समझे।

गुल मुहम्मद : लेकिन बहन! जब हम अखबार खरीदेंगे नहीं तो पढ़ेंगे कैसे? कहाँ पढ़ेंगे?

छबीली देवी : टी.वी. पर न्यूज देख लो रोज रात में एक बार। दुनिया जहान का हाल मालूम हो जाएगा। अगर पढ़ना ही है तो नाई की दुकान पर, सैलून में या लाइब्रेरी में पढ़ो, जहाँ और भी बहुत से लोग पढ़ते हैं।

मुरारीलाल : पर वहाँ तो लंबी लाइन होती है। समय वहाँ गँवाएँगे तो दफ्तर कैसे जाएँगे?

चमेलीबाई : यह तुम्हारी समस्या है, हमारी नहीं। कल से तुम लोगों का अखबार बंद।

[पुरुष शोर मचाते हैं—यह नहीं चलेगा, यह नहीं चलेगा।]

रविशंकर : *(पुरुषों को शांत रहने का इशारा करते हुए)* अच्छा बहन जी, इस बिंदु पर बाद में विचार किया जाएगा। अब आप कटौती नंबर पाँच का प्रस्ताव पेश करें।

छबीली देवी : कटौती नंबर पाँच के अंतर्गत आप लोग प्रात: नाश्ते में जो एक पाव दूध पीते हैं, वह कल से बंद हो जाएगा। दूध अब तीन गुना महँगा हो गया है। घर की वर्तमान रसोई उसे अब इतनी मात्रा में सहन नहीं कर पाती है।

मुरारीलाल : तो इसमें कितनी कटौती करनी पड़ेगी हम लोगों को!

चमेलीबाई : आगे से हम लोग अब तुम्हारे मुँह में कुप्पी से दूध डाला

करेंगी, थोड़ा चुसाया और कुप्पी खींच ली।

मुरारीलाल : कुप्पी से तुम्हारा मतलब बेबी-मिल्क बॉटल से है ना!

छबीली देवी : हाँ जी, मिल्क बॉटल से।

[पुरुष शोर मचाते हैं– यह नहीं चलेगा, यह नहीं चलेगा।]

[दृश्य बदलता है। मुरारीलाल का वही छोटा सा घर है। मुरारीलाल एक खाट पर तकिया लगाए लेटा है। उसकी पत्नी चमेलीबाई ने दूध की बोतल उसके मुँह में ठूँस रखी है।]

मुरारीलाल : *(निपल को चूसते हुए)* अभी और, अभी और। अभी तो आधी भी नहीं हुई है दूध की कुप्पी।

चमेलीबाई : *(घुड़कते हुए)* बस, और नहीं। बाकी जो दूध रह गया है, वह मुन्ने को दूँगी। मुन्ना रो रहा है।

[रूँ-रूँ की आवाज आती है और परदा गिर जाता है।]

(समाप्त)

बैनर पर नजर पड़ती है तो आते–जाते लोगों के बीच लज्जाराम निर्लज्ज अपने साथी मुन्नालाल का हाथ पकड़कर रुक जाता है।

घोटाला इतिहास

पात्र-परिचय

निर्लज्ज	:	लज्जाराम
मुन्नालाल	:	दर्शक
धर्मपाल सिंह धमाका	:	संस्था का अध्यक्ष
फिटकरीलाल चोखे	:	संस्था का महासचिव

अनेक दर्शक और वक्ता

[परदा उठता है तो एक विशाल भवन दिखाई देता है। यह खत्री धर्मशाला है। मुख्य द्वार पर लाल कपड़े के एक बड़े से बैनर पर लिखा है– 'पचास वर्षीय राष्ट्रीय विकास गोष्ठी' आयोजक–राष्ट्रीय भ्रष्टाचार-दुराचार समर्थक सोसाइटी। सुनहरे रंग से लिखे गए मोटे-मोटे अक्षर दर्शकों को अपनी ओर आकर्षित कर रहे हैं। बैनर पर नजर पड़ती है तो आते-जाते लोगों के बीच लज्जाराम निर्लज्ज अपने साथी मुन्नालाल का हाथ पकड़कर रुक जाता है।]

लज्जाराज : अरे मुन्नालाल! देख रहे हो, क्या लिखा है सामनेवाले बैनर पर!

मुन्नालाल : देख क्यों नहीं रहा हूँ, देख रहा हूँ। 'राष्ट्रीय भ्रष्टाचार–दुराचार समर्थक सोसाइटी' की तरफ से कोई गोष्ठी आयोजित की गई है। गोष्ठी में पिछले पचास साल के भीतर देश में हुए विकास का जायजा लिया जाएगा।

लज्जाराम : बात यह नहीं है, मुन्ना! वह बात, जो मैं कहना चाह रहा हूँ, संस्था के नाम की है। अब तक तो सारे संगठन भ्रष्टाचार के विरोध के लिए बनते-बिगड़ते आए थे। यह पहला संगठन है, जो भ्रष्टाचार को समर्थन देने के लिए सामने आया है। भ्रष्टाचार और उसका समर्थन, हद हो गई निर्लज्जता की।

मुन्नालाल : अरे, तुम कोई अकेले ही निर्लज्ज नहीं हो लज्जाराम, यहाँ तो आवे का आवा और पजावे का पजावा भी निर्लज्ज है।

लज्जाराम : *(खिसियानी हँसी हँसते हुए)* आओ, चलकर देखते हैं, क्या तमाशा हो रहा है यहाँ।

मुन्नालाल : घर से चले थे शतश्री महाराज श्रद्धानंदजी का प्रवचन सुनने के लिए और जा रहे हो भ्रष्टाचार-समर्थकों के विचार सुनने। कहीं मति तो नहीं मारी गई है तुम्हारी!

लज्जाराम : जब दिनदहाड़े, गली-गली मति मारनेवाले और देश की दुर्गति बनानेवाले लोग छाती फुलाए घूम रहे हों, तो ऐसे में भला कौन है, जिसकी मति सही-सलामत रहेगी।

मुन्नालाल : फिर भी कुछ तो शर्म करो, लज्जाराम।

लज्जाराम : शर्म काहे की? प्रवचन तो रोज होते हैं, दिन-रात होते हैं। यहाँ नहीं तो वहाँ, जब चाहो, सुन लो। भ्रष्टाचार के समर्थन में तो कभी कोई गोष्ठी हुई ही नहीं।

मुन्नालाल : गोष्ठी नहीं हुई तो क्या हुआ, भ्रष्टाचार तो हुआ। तुमने तो यार, भ्रष्टाचार को असली रूप में देखा है। अब गोष्ठी में क्या जाना, क्या सुनना!

लज्जाराम : अरे यार! चल भी, वो क्या पंक्तियाँ कही हैं तेरे यार ने। मुन्नालाल के कंधे पर हाथ धरकर मसखरे भाव में पंक्ति दोहराता है–

धर्म का राग तो चलता ही रहेगा निर्लज्ज
यह मयखाना अभी पी के चले आएँगे!

मुन्नालाल : *(पंक्तियों का मजा लेते हुए)* बात तो तुमने बढ़िया कही है निर्लज्ज, पर एक बार यदि पी ली तो फिर मुँह से नहीं छूटेगी। वह जो किसी ने कहा है ना– छुटती नहीं है मुँह से यह काफिर लगी हुई।

लज्जाराम : अब ज्यादा तुक मत हाँको, मुन्नालाल! एक बार भ्रष्टाचार-समर्थकों में जाकर तुम कोई अभ्यस्त भ्रष्टाचारी तो हो नहीं जाओगे। देखते हैं, क्या तमाशा हो रहा है गोष्ठी में।

मुन्नालाल : *(भीड़ की ओर इशारा करते हुए)* अरे निर्लज्ज! देखो तो सही, धर्मसभा से भी उठ-उठकर श्रोता इसी गोष्ठी में आ रहे हैं। महाराज श्रद्धानंदजी वाला पंडाल तो अब लगभग खाली दिखाई दे रहा है।

[लज्जाराम खत्री सभा से पहले लगे पंडाल को, जहाँ महाराज श्रद्धानंदजी का धर्मप्रवचन हो रहा है, नजर उठाकर देखता है। पंडाल में दस-पाँच बूढ़े लोग बैठे ऊँघ रहे हैं। महाराज प्रवचन करने में व्यस्त हैं। पंडाल के सामने बैनर टँगा है– धर्म-संसद्।]

लज्जाराम : तुम ठीक कहते हो, मुन्ना! इस समय हमारे इर्द-गिर्द दो प्रकार की संसद् हैं। एक धर्म-संसद् है तो दूसरी कर्म-संसद् है और जहाँ तक हमारा सवाल है, हमारे लिए जो महत्त्व कर्म-संसद् का है, वह धर्म-संसद् का नहीं।

मुन्नालाल : और तुम्हारे विचार में कर्म-संसद् भ्रष्टाचार-समर्थकों में दिखाई देगी, महाराज के प्रवचन-स्थल में नहीं।

लज्जाराम : बिलकुल, बिलकुल! तुम ठीक समझे, तुम ठीक समझे।

[खत्री धर्मशाला के विशाल प्रांगण में शानदार मखमली कुरसियाँ बिछी हैं। बेहतरीन सुनहरी झालरों से मंच सजाया गया है। मंच पर शादी-विवाह में प्रयोग की जानेवाली कुरसियाँ बिछी हैं। इनमें से एक पर 'भ्रष्टाचार-दुराचार समर्थक सोसाइटी' के अध्यक्ष बाबू धर्मपालसिंह उर्फ धमाका और

दूसरी पर संस्था के महासचिव बाबू फिटकरीलाल चोखे विराजमान हैं। शामियाना आगंतुकों से खचाखच भरा है। फिटकरीलाल चोखे मस्तानी चाल से माइक पर आते हैं और आगंतुकों को संबोधित करते हुए घोषणा करते हैं।]

फिटकरीलाल : भाइयो, आज की यह विचार-गोष्ठी इस बात को जानने का प्रयास, सच्चा प्रयास करेगी कि पिछले पचास वर्षों में इस देश ने किस क्षेत्र में सबसे ज्यादा उन्नति की है! इस उन्नति पर तार्किक प्रकाश डालनेवाले को डायमंड पुरस्कार दिया जाएगा। इससे पहले कि कार्यक्रम शुरू हो, मैं संस्था के अध्यक्ष बाबू धर्मपाल सिंह उर्फ धमाकाजी से प्रार्थना करता हूँ कि वह माइक पर आएँ और भ्रष्टाचार-दुराचार समर्थक सोसाइटी का संक्षिप्त परिचय दें, ताकि आप एक सत्यवादी संस्था के सत्यवादी कार्यकर्ताओं से भली-भाँति परिचित हो सकें।

[जोर-जोर से तालियाँ बजती हैं। सोसाइटी के अध्यक्ष धर्मपाल सिंह उर्फ धमाका अपनी शाही कुरसी से उठकर माइक पर आते हैं और उपस्थित लोगों को गंभीर आवाज में संबोधित करते हैं।]

धर्मपाल सिंह : भाइयो और बहनो, आप लोग हमारी संस्था का नाम सुनकर अचरज में पड़ गए होंगे, क्योंकि आपने अब तक इस श्रेणी के जितने संगठन देखे, वे सब भ्रष्टाचार-दुराचार के विरोध में बनाए गए थे; किंतु यह पहला संगठन है, जो इस अद्‍भुत कला के समर्थन में बनाया गया है। भ्रष्टाचार-दुराचार के विरोध में बनाए गए जितने भी संगठन हमने देखे हैं, वे सब भ्रष्टाचार-दुराचार का विरोध करते-करते जब लोकप्रिय हो गए और लोकप्रिय होकर सत्ताप्रिय हो गए तो स्वयं भ्रष्टाचार में लग गए। अनुभव बताता है कि भ्रष्टाचार-दुराचार कभी समाप्त न होनेवाली एक स्थायी जीवन-शैली है। इसलिए अब हमें इसको अपनी स्थायी

पहचान के रूप में स्वीकार कर लेना चाहिए। भ्रष्टाचार-विरोध के नाम पर लोगों को धोखा देने से अच्छा यह है कि हम भ्रष्टाचार-दुराचार का समर्थन खुलकर करें।

[पंडाल में फिर जोर-जोर से तालियाँ बजती हैं। अध्यक्ष अपनी बात आगे बढ़ाते हैं।]

धर्मपाल सिंह : भाइयो! मैं आपका ज्यादा समय नहीं लूँगा, हमारी आज की गोष्ठी का विषय है– 'पिछले पचास वर्षों में भारत ने सबसे ज्यादा किस क्षेत्र में उन्नति की है?' सही आँकड़े देने और अपनी बात को तर्कों के साथ सिद्ध करनेवाले सज्जन को हमारी सोसाइटी डायमंड अवार्ड देगी। यह डायमंड अवार्ड इंडियन फर्टिलाइजर कंपनी के स्वामी सेठ गिरिधारीलालजी की ओर से दिया जाएगा, क्योंकि उनके पास जो डायमंड हैं, वे सदाचार से नहीं आए हैं, भ्रष्टाचार से ही आए हैं और भाइयो, आप जानते हैं कि सदाचार डायमंड का व्यापार नहीं सिखाता है, बीमार और लाचार बनाता है, बेकार और बेरोजगार बनाता है। इसलिए मैं आपसे प्रार्थना कर रहा हूँ कि आप सेठ गिरिधारीलालजी का हार्दिक स्वागत फूलमालाएँ पहनाकर करें।

[पंडाल में तालियाँ बजती हैं। धर्मपाल सिंहजी अपने स्थान पर बैठ जाते हैं। संस्था के महासचिव फिटकरीलाल चोखे ए.बी.सी. अंग्रेजी वर्णमाला के हिसाब से लोगों को पुकारते जाते हैं और लोग सेठ गिरिधारीलाल को फूलमालाओं से लादते जाते हैं।]

फिटकरीलाल : भाइयो और बहनो! अब गोष्ठी विधिवत् शुरू की जा रही है। मैं उपस्थित सज्जनों में से एक-एक को अंग्रेजी वर्णमाला के क्रम से पुकारता जाऊँगा। आप लोग बारी-बारी से आएँ और देश के पचासवर्षीय विकास पर अपना मत व्यक्त

भाइयो और बहनो! अब गोष्ठी विधिवत् शुरू की जा रही है।

करते जाएँ। मैं आप लोगों का नाम इसलिए नहीं पुकारूँगा कि नाम तो बदनाम लोगों का होता है। हमारा-आपका क्या नाम! हम-आप तो बेनाम लोग हैं, बेनाम तो बदनाम लोगों को सलाम करता है, और कुछ नहीं करता। सो भाइयो, आप तैयार हो जाएँ, गोष्ठी में भाग लेने के लिए।

[मंच पर एक फिल्मी गीत बजा दिया जाता है। गीत के बोल साज के साथ गूँजने लगते हैं। गीत के बोल हैं– 'ईसा पीर न मूसा पीर, सबसे बड़ा रुपैया पीर।' गीत समाप्त होता है तो आपस में खुसुर-फुसुर कर रहे लोगों के बीच फिटकरीलाल फिर माइक पर आ जाता है।]

फिटकरीलाल : भाइयो! क्या आप बता सकते हैं कि आजादी के बाद के यानी पिछले पचास वर्षों से देश ने किस क्षेत्र में विशेष उन्नति की है, कृषि में, उद्योग में, विज्ञान में, शिक्षा में, भिक्षा में, भाषण में, राशन में, उधार में, व्यापार में! बोलिए आप क्या कहते हैं इस संबंध में।

[पंडाल में सब लोग एक साथ चिल्ला उठते हैं।]

भीड़ : उधार में भी, भ्रष्टाचार में भी।

[भीड़ खामोश होती है तो संस्था का महासचिव फिटकरीलाल माइक पर घोषणा करता है।]

फिटकरीलाल : भाइयो, चूँकि आप सब लोग इस बात से सहमत हैं कि देश ने पिछले पचास वर्षों में सबसे ज्यादा उन्नति भ्रष्टाचार में की है, अतः आप भ्रष्टाचार की ऐतिहासिक प्रगति पर वर्षवार रोशनी डालें।

[पंडाल में बैठा एक व्यक्ति बीच में टोक देता है।]

व्यक्ति : कौन-सी रोशनी डालें जी–दीपक की, टॉर्च की, लैंप की या लालटेन की?

फिटकरीलाल : चूँकि ये सारी चीजें एक-एक करके कभी-न-कभी

बेहतर होगा कि स्वयं भ्रष्टाचार के गौरवशाली इतिहास पर कुछ प्रमाणित तथ्य आपके सामने रख दूँ।

चुनाव-निशान बन चुकी हैं या अब भी बन रही हैं, इसलिए मेरी प्रार्थना है कि इन्हें आप छोड़ दें और केवल अपनी नजर की रोशनी डालें।

[पंडाल में ठहाके गूँज उठते हैं।]

फिटकरीलाल : भाइयो, अब मैं विचार-गोष्ठी शुरू करता हूँ। सबसे पहले मिस्टर 'ए' आएँ और वे घोटालों का इतिहास बयान करते हुए 1948 पर रोशनी डालें, क्योंकि हम 1947 में आजाद हुए थे, किंतु इससे पहले कि मैं मिस्टर 'ए' को अपने विचार व्यक्त करने के लिए आवाज दूँ, बेहतर होगा कि स्वयं भ्रष्टाचार के गौरवशाली इतिहास पर कुछ प्रमाणित तथ्य आपके सामने रख दूँ।

[भीड़ से आवाजें आती हैं- अवश्य, अवश्य!]

फिटकरीलाल : भाइयो! आप शायद जानते होंगे कि सन् 1998 आते-आते हमारे देश में हवालों, घोटालों और गड़बड़झालों की विकास-दर अब प्रतिवर्ष 12 के आँकड़ों को पार कर रही है। यह ग्राफ जितनी तेजी से बढ़ रहा है, उतनी ही तेजी से हमारा देश उन्नति कर रहा है। सन् 1996 में हमारे यहाँ घोटालों का औसत 8 प्रतिशत था, जो दो साल में 12 तक पहुँच गया। *(फिटकरीलाल एक क्षण रुकते हैं और फिर ऊँची आवाज में बोलते हैं।)*

आप शायद यह भी जानते होंगे कि नेहरू-युग में विकास-योजनाओं के लिए सरकार द्वारा आबंटित धन का केवल 15 प्रतिशत ही गड़बड़-घोटालों की भेंट चढ़ा करता था, इंदिरा-युग में बढ़ते-बढ़ते ये आँकड़े 50 प्रतिशत को पार कर गए और जैसे ही राजीव गांधी युग आया, उन्होंने स्पष्ट घोषणा की कि विकास-योजनाओं के धन का 85 प्रतिशत गड़बड़-घोटालों के पेट में चला जाता है, केवल 15 प्रतिशत विकास-संबंधी कार्यों में खर्च होता है। तो

भाइयो! भ्रष्टाचार ने जिस तेजी से हमारे देश में तरक्की की है। क्या आप लोगों को उस पर गर्व नहीं है?

[भीड़ चिल्लाती है– हमें गर्व है, हमें गर्व है।]

फिटकरीलाल : अब मैं मिस्टर 'ए' से प्रार्थना कर रहा हूँ कि वह विकास की गति में सन् 1948 को अपने साथ लेकर आएँ।

मिस्टर ए : *(मिस्टर ए तेजी से माइक तक आते हैं, उसे टेढ़ा करते हैं)* अध्यक्ष महोदय और महासचिवजी, आपको याद होगा कि आजादी के एक वर्ष बाद सन् 1948 में उस समय का सबसे प्रसिद्ध घोटाला 'जीप घोटाला' के नाम से प्रसिद्ध हुआ था, जिसमें लंदन-स्थित भारत के हाई कमिश्नर श्री वी.के. मेनन ने इंग्लैंड की एक कंपनी को 2000 जीपें खरीदने का ऑर्डर दिया था, किंतु कंपनी से केवल 155 जीपें प्राप्त की गईं। शेष सारी धनराशि हड़प कर ली गई। और अध्यक्षजी, *(अध्यक्ष की ओर देखते हुए)* इतना ही नहीं, जब इस घोटाले की पोलपट्टी खुल गई और मेननजी को लंदन से दिल्ली वापस बुला लिया गया तो ऐसा शानदार ऐतिहासिक घोटाला करने के इनाम में उन्हें 'रक्षा मंत्री' बना दिया गया।

[पंडाल में तालियाँ बजती हैं। पंडाल 'हिप-हिप हुर्रे' की आवाज से गूँज उठता है। चोखेलाल फिर माइक पर आते हैं।]

चोखेलाल : अब मिस्टर 'बी' आएँ और घोटाला-विकास की अगली घटना पर रोशनी डालें।

मिस्टर बी : भाइयो! यह घोटाला इतिहास सन् 1949 का है। यह वर्ष 'पत्थर-घोटाला' के लिए इतिहास में सुनहरे अक्षरों में लिखा हुआ है। इस घोटाले में एक प्रसिद्ध गांधीवादी नेता ने अर्जुन मार्का तीर चलाते हुए एक फर्म को कीमती पत्थरों की खान लीज पर दी थी और उसके एवज में

25,000 रुपए झटक लिये थे। ये 25 हजार रुपए झटकने वाले उस समय के उद्योग मंत्री राव शिवबहादुर सिंह थे, जो अब स्वर्ग में अपनी बहादुरी का सिक्का चला रहे हैं।

[पंडाल में जोर-जोर से तालियाँ बजती हैं। महासचिव अगले व्यक्ति को आवाज देता है।]

फिटकरीलाल : अब मिस्टर 'सी' आएँ और घोटाला इतिहास की अगली कड़ी के दर्शन कराएँ।

मिस्टर सी : भाइयो! मैं 1950 से 1957 तक के छोटे-मोटे घपलों-घोटालों के चक्कर में नहीं पड़ूँगा। मैं आपको याद दिलाना चाहता हूँ। 1958 के ऐतिहासिक 'मूँदड़ा घोटाला' की, यदि आप भूल गए हों तो मैं आपको याद दिला सकता हूँ कि 1958 में मशहूर जीवन बीमा निगम घोटाला हुआ था। इस घोटाले में उस समय के वित्तमंत्री श्री टी.टी. कृष्णामचारी ने हरिदास मूँदड़ा नाम के एक व्यक्ति के साथ मिलकर जीवन बीमा निगम के एक करोड़ पच्चीस लाख रुपए बिना डकार लिये पचा गए थे। यह घोटाला भी इतिहास के पन्नों पर सुनहरे अक्षरों में लिखा हुआ है। इसी वर्ष केरल के खाद्यमंत्री श्री के.सी. जॉर्ज द्वारा प्रसिद्ध 'चावल घोटाला' संपन्न किया गया। इसमें चावल की खरीद तो हुई, किंतु कागजी। इस तरह चावलों की कागजी खरीद ने घोटालों के इतिहास को चार चाँद लगाए।

[भीड़ ने तालियाँ बजाकर शोर मचाया— हिप-हिप हुर्रे।]

फिटकरीलाल : भाइयो! अब मैं मिस्टर 'डी' को आवाज दे रहा हूँ कि वह आएँ और देश के गौरवशाली घोटाला-इतिहास की कहानी को आगे बढ़ाएँ।

मिस्टर डी : भाइयो! यह सन् 1960 की बात है। इसका माथा 'जहाजरानी घोटाले' के टीके से सजा हुआ है। इस घोटाले में एक प्रसिद्ध व्यवसायी श्री धर्मतेजा ने साँठ-गाँठ करके

सरकार से जलयानों की खरीद के लिए 22 करोड़ रुपए का कर्जा लिया और उसे चुपके से विदेशी बैंकों में चलता कर दिया। यह घोटाला भी अपने समय का ऐतिहासिक घोटाला था और उस समय 22 करोड़ की रकम आज के 22 अरब के बराबर थी।

[भीड़ से आवाज आई– शानदार-शानदार! बढ़िया, बहुत बढ़िया!]

महासचिव : *(भीड़ को शांत रहने के लिए कहते हुए)* भाइयो! शांत हो जाइए। अभी-अभी आपने सन् 1960 के मशहूर जहाजरानी घोटाला का संक्षिप्त-सा वर्णन सुना। अब मैं मिस्टर 'ई' को आवाज दे रहा हूँ। वह माइक पर आने का कष्ट करें और घोटाला इतिहास की कहानी को थोड़ा और आगे बढ़ाएँ।

मिस्टर ई : भाइयो और बहनो! सन् 1964 हमारे घोटाला-इतिहास में 'लीज घोटाला' के नाम से याद किया जाता है। इस सुप्रसिद्ध घोटाला में उस समय के पेट्रोलियम मंत्री श्री के.डी. मालवीय के पर्सनल सचिव श्री जी.पी. नायर ने बहुत बड़ी रिश्वत दी थी। कलकत्ते की एक कंपनी को लीज पर खनिज पदार्थों की खान दी थी। सरकार की खुफिया घोटाला फाइल में आँकड़े दर्ज हैं।

[भीड़ से आवाजें आती हैं–'आँकड़े निकालकर लाइए। आँकड़े निकालकर लाइए। यह बिना नमक की चटनी नहीं चलेगी। बिना नमक की चटनी नहीं चलेगी।' शोर के शांत होने पर फिटकरीलाल फिर माइक पर आते हैं।]

फिटकरीलाल : भाइयो और बहनो! अब मैं आपके सामने मिस्टर 'एफ' को इस विश्वास के साथ पेश कर रहा हूँ कि वे घोटाला-इतिहास का अगला अध्याय प्रस्तुत करते हुए इस क्षेत्र में हुए राष्ट्र के गौरवपूर्ण विकास पर रोशनी डालेंगे।

मिस्टर एफ : उपस्थित सज्जनो! इस समय मैं आपका अधिक समय बरबाद करने के मूड में नहीं हूँ। इसलिए सन् 1964 के बाद हुए 'ठेका' आदि घोटालों को छोड़ते हुए आपको सीधे सन् 1971 की तरफ लिये चलता हूँ। यहाँ आपकी भेंट अति प्रसिद्ध 'नागरवाला घोटाला-कांड' से होगी। इस प्रसिद्ध घोटाला-कांड में नागरवाला नामक एक व्यक्ति ने तत्कालीन प्रधानमंत्री श्रीमती इंदिरा गांधी की आवाज की हू-ब-हू नकल टेलीफोन पर करके दिल्ली के स्टेट बैंक से 50 लाख की धनराशि निकाल ली थी। बाद में नागरवाला रहस्यमय ढंग से मृत पाया गया था। यह पता नहीं चल सका कि इसमें स्व. इंदिरा गांधीजी की भूमिका क्या और कितनी थी।

[भीड़ से आवाजें आईं– बहुत मशहूर कांड है। बहुत मशहूर कांड है। घोटाला इतिहास जिंदाबाद! घोटाला इतिहास जिंदाबाद! शोर के बीच ही फिटकरीलाल माइक पर आ जाता है।]

फिटकरीलाल : दोस्तो, मेहरबानो! अब मैं आपके सामने मिस्टर 'जी' को प्रस्तुत कर रहा हूँ। मेरी प्रार्थना है कि वे घोटाला-इतिहास की अगली कड़ी को आपके सम्मुख शानदार ढंग से पेश करें।

मिस्टर जी : *(माइक के स्टैंड को अपने बाएँ हाथ से सँभालते हुए)* भाइयो, मैं आपको याद दिलाना चाहता हूँ उस मशहूर 'ठेका कांड' की, जिसने आराम से शासन कर रही श्रीमती इंदिरा गांधी और उनके सुपुत्र संजय गांधी को बैठे-बिठाए अपनी चपेट में ले लिया था। उनपर आरोप था कि उन दोनों ने हांगकांग की एक कंपनी को तेल उपलब्ध कराने के लिए 20 करोड़ रुपए का ठेका दिया, जिसमें सरकार को 13 करोड़ रुपए की चपत लगी।

[भीड़ चिल्लाकर बोली– चपत बहुत हल्की रही जी, बहुत हल्की रही।]

मिस्टर जी : *(हाथ के इशारे से शोर को शांत कराते हुए)* भाइयो! यदि आप 13 करोड़ की चपत को हल्की चपत मानते हैं तो याद कीजिए उस विख्यात ठगीकांड को, जो सन् 1979 में डंके की चोट पर संपन्न हुआ था और जिसमें सिंगापुर के एक व्यापारी भगवान सिंह आहूजा ने जनरल इंश्योरेंस कंपनी से चालीस करोड़ रुपए ठग लिये थे।

[भीड़ ने शोर मचाया– एक्सीलेंट, एक्सीलेंट!]

फिटकरीलाल : *(माइक सँभालते हुए)* अब मैं आपके सामने मिस्टर 'एच' को आमंत्रित कर रहा हूँ। मिस्टर 'एच' आएँ और भारत के गौरवशाली घोटाला-इतिहास की कहानी को आगे बढ़ाते हुए आपकी स्मृतियों को जगाने का प्रयास करें।

[मिस्टर 'एच' माइक पर आते हैं और भीड़ जोर-जोर से तालियाँ बजाती है।]

मिस्टर एच : भाइयो और बहनो! अब तक आपके सामने भारतीय घोटाला-इतिहास की बहुत सी घटनाएँ याद कराई गईं। मुझे विश्वास है कि ये सब आपकी स्मृतियों में उजागर हो गई होंगी। अब मैं आपको इतिहास के मशहूर 'चुरहट लॉटरी-कांड' की तरफ लिये चलता हूँ, जो सन् 1982 में संपन्न हुआ था। इस विख्यात कांड में मध्य प्रदेश के तत्कालीन मुख्यमंत्री श्री अर्जुन सिंहजी ने बच्चों के कल्याण के नाम पर चुरहट लॉटरी आरंभ की थी, जिसके माध्यम से पाँच करोड़ चालीस लाख रुपए एकत्र किए गए थे।

[भीड़ ने शोर मचाया– याद है, याद है। मार्क का घोटाला हुआ था, मार्क का।]

फिटकरीलाल : *(हाथ उठाकर शोर को शांत करने का संकेत देते हुए)*

भाइयो! मैं माइक पर आनेवाले वक्ताओं की स्मरण-शक्ति की दाद दिए बिना नहीं रह सकता। आप लोगों ने सभी घोटाला-कांडों को भली प्रकार याद किया है। यह सच है कि जो राष्ट्र अपने बुजुर्गों के कारनामों को याद रखते हैं, वे सदैव जीवित रहते हैं। अब मैं आपके सामने मिस्टर 'आई' को प्रस्तुत कर रहा हूँ। वे माइक पर पधारने का कष्ट करें और देश में चले घोटाला-इतिहास के अगले अध्याय का संक्षिप्त परिचय आपके सामने रखें।

[मिस्टर आई धीरे-धीरे माइक तक पहुँचते हैं माइक को बजाकर देखते हैं। खँखारते हैं और बोलना शुरू कर देते हैं।]

मिस्टर आई : भाइयो और बहनो! अब तक जितने घोटाला-कांड आपने सुने, उनमें से कुछ अधिक प्रसिद्ध हुए, कुछ कम; किंतु जो प्रसिद्धि सन् 1987 में हुए 'बोफोर्स घोटाला-कांड' को मिली, वह दुर्भाग्य से किसी और को नहीं मिल सकी। यह कांड राजनीति का साँड़ बनकर अब तक जीवित है।

[भीड़ ठहाका मारकर हँसती है। तब तक मिस्टर आई माइक सँभाल लेते हैं।]

बहनो और भाइयो आपको याद होगा कि इस घोटाला महाकांड में बोफोर्स तोपों की खरीद में 64 करोड़ रुपए की रिश्वत लेने का आरोप लगाया गया था। इस कांड के खिलाफ शोर मचने पर सरकार हिल गई थी और धूल में मिल गई थी; किंतु वह सरकार फिर पलटकर आई और धड़ल्ले से आई। यह घोटाला अब तक विचाराधीन है, विवेचनाधीन है। यह चल रहा है और करवट पे करवट बदल रहा है। इसने कितनों को बनाया, कितनों को बिगाड़ा। इसकी विनाशकारी एवं निर्माणकारी प्रतिक्रियाएँ अब तक राजनीति में शेष हैं।

[भीड़ ने नारे लगाए— बोफोर्स घोटाला जिंदाबाद, बोफोर्स

घोटाला जिंदाबाद।]

फिटकरीलाल : *(माइक सँभालते हुए)* उपस्थित सज्जनो, अभी-अभी आपने इतिहास का महाविख्यात घोटाला-कांड, जिसे इतिहासकारों ने बोफोर्स घोटाले का नाम दिया है, मिस्टर 'आई' से सुना। अब मैं मिस्टर 'जे' को आवाज दे रहा हूँ कि वह माइक पर आएँ और घोटालों के इतिहास को और आगे बढ़ाएँ।

[मिस्टर जे मस्तानी चाल से माइक तक आते हैं।]

मिस्टर जे : दोस्तो और मेहरबानो! मैं, यानी आपका सेवक बोफोर्स घोटाले की टक्कर का ही एक और कांड आपके सामने लेकर उपस्थित हुआ हूँ। आधुनिक भारत के इतिहास में इस कांड को 'जैन हवाला कांड' के नाम से याद किया जाता है। यह सन् 1991 में निहायत शानदार ढंग से घटित हुआ था, इसने अपना रेशम का फंदा किसी एक के नहीं बल्कि दर्जनों दिग्गज राजनीतिज्ञों के गले में डाला था। मेहरबानो, आपको याद होगा कि इस कांड में देश की विभिन्न राजनीतिक पार्टियों के धुरंधर नेताओं ने जैन बंधुओं से हवाला माध्यम द्वारा 64 करोड़ रुपए की रिश्वत मिली थी। लेनेवाले महापुरुषों में पक्ष-विपक्ष के लगभग 50 नेताओं के नाम गिनाए गए थे। यह कांड बोफार्स की तरह घोटाला-इतिहास का अति महत्त्वपूर्ण कांड माना जाता है, क्योंकि इस कांड ने देश में चल रही पारदर्शिता की गति को तेज किया और राजनीति को अविश्वसनीय बनाने में मदद दी।

[भीड़ से आवाजें आती हैं—'जियो, जियो मिस्टर जे, आप जियो और घोटालों का मीठा रस खुद भी पियो, हमें भी पिलाओ।' जोर-जोर से तालियाँ बजती हैं।]

मिस्टर जे : *(मिस्टर 'जे' गर्व से सीना तान लेते हैं और उपस्थित लोगों*

से कहते हैं) नारा लगाओ *(भीड़ नारा लगाती है)* हवाला घोटाला का इतिहास।

भीड़ : जिंदाबाद, जिंदाबाद!

फिटकरीलाल : अभी-अभी आपने मिस्टर जे से हवाला घोटाले की चर्चा सुनी। मुझे विश्वास है कि आप इससे अवश्य आनंदित हुए होंगे। अब मैं आपके सामने मिस्टर 'एच' को प्रस्तुत कर रहा हूँ। मिस्टर 'के' आएँ और घोटाला-इतिहास की अगली कड़ियाँ आपके सामने प्रस्तुत करें।

[थुलथुल शरीर के मिस्टर 'के' अपनी कुरसी से उठते हैं और अपनी धोती सँभालते हैं। वह धीरे-धीरे माइक तक पहुँचते हैं।]

मिस्टर के : मैं संस्था के पदाधिकारियों को धन्यवाद दे रहा हूँ और उपस्थित भाई-बहनों को याद दिलाना चाहता हूँ। सन् 1992 के कुछ ऐतिहासिक घोटालों की। इसमें से पहला 'पामोलीन तेल घोटाला' है। इसमें एक केंद्रीय मंत्री और उसके सहयोगियों पर उक्त तेल की खरीदारी में 2 करोड़ 80 लाख रुपए का घपला किए जाने का आरोप लगाया गया। इसी सन् में हर्षद मेहता का 'शेयर घोटाला' हुआ। इसमें 10 हजार करोड़ रुपए बैंकों के माध्यम से सफाचट कर दिए गए। इस घोटाले की गूँज दूर-दूर तक गई थी और इसकी प्रतिध्वनि अभी तक सुनाई पड़ती है।

[भीड़ चिल्लाती है– 'नो डाउट, नो डाउट']

मिस्टर के : *(अपनी बात जारी रखते हुए)* भाइयो! इसी तरह सन् 1993 का जनहित घोटाला है, जिसमें असम के मुख्यमंत्री ने जनहित योजनाओं के नाम पर 200 करोड़ रुपए खुर्द-बुर्द किए। फिर सन् 1994 का लखुभाई पाठक का मशहूर ठगी का मामला है, जिसमें पाठक को धोखा देकर तांत्रिक चंद्रास्वामी और पी.वी. नरसिंह राव ने कथित तौर पर

इस घोटाले की गूँज दूर-दूर तक गई थी और इसकी प्रतिध्वनि अभी तक सुनाई पड़ती है।

एक लाख डॉलर हड़पे। इसके उपरांत सन् 1995 में बिहार के मुख्यमंत्री लालू यादव ने अपने ऐतिहासिक 'पशुचारा घोटाले' में 950 करोड़ रुपए का चारा खा लिया। सन् 1996 में 'सांसद घूस-कांड' हुआ। इसी वर्ष तमिलनाडु की तत्कालीन मुख्यमंत्री जयललिता का भ्रष्टाचार कांड हुआ, जिसमें करोड़ों-अरबों की संपत्ति एकत्र करने का आरोप जयललिता पर लगा। इस वर्ष, यानी 1998 में असम का 'साखपत्र घोटाला' सामने आ ही चुका है। बताया जाता है कि इसमें असम के मुख्यमंत्री ने अपनी बैंकिंग साख के गलत प्रमाण-पत्र देकर 240 करोड़ रुपए निकाल लिये।

[भीड़ शोर मचाती है– 'वेरी गुड-वेरी गुड']

मिस्टर के : दोस्तो और मेहरबानो! चूँकि घोटाला-इतिहास का चक्र अभी चल रहा है, इसलिए मैं भ्रष्टाचार-दुराचार समर्थक सोसाइटी के पदाधिकारियों से करबद्ध प्रार्थना करता हूँ कि वह देश का अंतिम और महानतम घोटाला होने तक अपने डायमंड एवार्ड की घोषणा न करें। यही देश के और सोसाइटी के हित में है।

[भीड़ शोर मचाती है– 'ठीक है, ठीक है।' भीड़ के शोर के साथ ही परदा गिर जाता है।]

(समाप्त)

त्रिलोकीनाथ एक नवजात शिशु को गोद में लिये हुए बहलाता दिखाई दे रहा है।
बच्चा और ज्यादा जोर से रोने लगता है।

एक आंदोलन ऐसा भी

पात्र-परिचय

त्रिलोकीनाथ	:	एक पच्चीसवर्षीय नौजवान
लक्ष्मी	:	त्रिलोकीनाथ की युवा पत्नी
मुन्नू	:	त्रिलोकीनाथ और लक्ष्मी का नन्हा पुत्र
श्यामनाथ	:	त्रिलोकीनाथ का मित्र
फूलवती और केसरी देवी	:	लक्ष्मी की सहकर्मी

[मंच पर त्रिलोकीनाथ उपस्थित है। वह कुर्ता-धोती पहने हुए है। वह एक नवजात शिशु को गोद में लिये हुए बहलाता दिखाई दे रहा है। बच्चा बिलख-बिलखकर रो रहा है। त्रिलोकीनाथ कभी उसे बाँहों में लेकर झुलाता है, कभी चुटकी और सीटी बजाकर उसे चुप करने का यत्न करता है, कभी बालक के मुँह में दूध की बोतल देता है; किंतु बच्चा निरंतर रो रहा है।]

त्रिलोकीदास : *(बच्चे को बहलाते हुए)* चुप हो जा मेरे लाल, चुप हो जा। चुप हो जा राजा बेटे, चुप हो जा *(बाँहों में धीरे-धीरे उछालते हुए)* अबे ओ अपनी माँ के जने, सुन ले गुहार अपने बाप की भी।

[शिशु और ज्यादा जोर से रोता है। त्रिलोकीदास रोते हुए

बालक को नीचे फर्श पर लिटाकर कर उसके मुँह में दूध की बोतल ठूँस देता है। बच्चा दूध नहीं पीता, बोतल उसकी बगल में गिर जाती है। त्रिलोकी का चेहरा पसीने से भीग गया है। वह क्रोध में है।]

त्रिलोकीनाथ : चुप होता है या नहीं? या फेंक आऊँ कूड़े के ढेर पर!

[बच्चा और ज्यादा जोर से रोने लगता है। तभी उधर से त्रिलोकी का पुराना मित्र श्यामनाथ गुजरता है। त्रिलोकी की यह दुर्दशा देखकर वह ठिठककर रुक जाता है।]

श्यामनाथ : अरे क्यों रे त्रियादास! क्यों बालक का भुर्ता बना रखा है तूने! माँ कहाँ गई इसकी?

त्रिलोकीदास : पहले तो श्याम, तू मेरा नाम ठीक से बोल। मैं त्रियादास नहीं, त्रिलोकीदास हूँ।

श्यामनाथ : अबे! तू त्रिलोकीदास पहले कभी था या अब मरने के बाद होगा। फिलहाल तो तू त्रियादास ही लग रहा है मुझे।

त्रिलोकीदास : *(खीजते हुए)* अरे, जिसका नाम औरत है ना, उसके आगे मेरी ही क्या, अच्छे-अच्छों की चीं निकल जाती है। अभी छड़ा-छाँट है ना! जिस दिन कोई औरत गले का हार बन गई, तब मुझसे भी बड़ा त्रियादास हो जाएगा तू भी।

श्यामनाथ : मैं ऐसा खोटा काम करनेवाला नहीं हूँ, त्रियादास! अपने सात पुश्तों से कहकर मरूँगा कि बूर के लड्डू मत खाइयो रे!

[त्रिलोकीदास रोते हुए बच्चे की रूँ-रूँ के बीच एक जोरदार ठहाका लगाता है।]

त्रिलोकीदास : अरे मूरख! जब औरत घर में नहीं होगी तो ये पुश्तें कहाँ से आ जाएँगी? वह भी एक नहीं, सात-सात!

श्यामनाथ : *(अपनी बेतुकी बात पर थोड़ा लज्जित होते हुए)* अरे भैया त्रियादास! बात को समझने की कोशिश करो। मेरी पुश्त न सही, तेरी पुश्त सही; मेरी पीढ़ी न सही, तेरी पीढ़ी

सही। बात तो एक ही है।

[बच्चा पहले से भी ज्यादा जोर-जोर से बिलखना शुरू कर देता है।]

त्रिलोकीदास : *(कंधे से लगाकर बालक को थपकते हुए)* घर में अफीम का अंटा भी तो नहीं है, श्याम। नहीं तो आधा चम्मच सुटकाकर इसे चित कर देता दो-चार घंटे के लिए।

श्यामनाथ : पर इसकी माँ कहाँ गई? भाभीजी कहाँ गईं?

त्रिलोकीनाथ : *(क्रोध भरे स्वर में)* लक्ष्मी गई भाड़ में।

श्यामनाथ : बात तो तुम ठीक कहते हो, त्रियादास। भाड़ों की तो जैसे बाढ़ आई है देश में। हम-तुम जैसे तो उनमें भुने जा रहे हैं चनों की भाँति। पर यह तो बताओ कि बालक की माँ कहाँ गई है? यानी कौन सा भाड़ झोंकने?

त्रिलोकीदास : एक घंटे के बाद लौटकर आने की बात कह गई थी; और अब पूरे दो घंटे हो चुके हैं। अभी दूर-दूर तक भी पता नहीं है। इधर मेरे कंधे टूट गए बच्चे को झुलाते-झुलाते। चुप होने में ही नहीं आ रहा है ये।

श्यामनाथ : अरे त्रियादास! जिसका काम उसी को साजे, दूजा करे तो मूरख बाजे।

त्रिलोकीदास : पर वह बड़े-बूढ़ों की इस बात को मानती कहाँ है? वह तो कहती है, बालक जनने का काम नारी का है तो उसे पालने-पोसने का काम बिहारी का है।

श्यामनाथ : बिहारी कौन?

त्रिलोकीदास : हम यानी पुरुष।

श्यामनाथ : यह तो ज्यादती है तेरे साथ, त्रियादास। कभी ऐसा हुआ है भला, जो अब होगा?

त्रिलोकीदास : अब समय बदल गया है, श्याम। यही सब होगा अब, यही सब।

श्यामनाथ : पर यह तो बता त्रिलोकी, बालक की माँ गई कहाँ है? तू कुछ पता-निशान दे तो मैं उसे बुला लाऊँ।

तुम जैसा निखट्टू मर्दुआ तो आज तक नहीं देखा। बिलाँच भर के बालक को नहीं चुपाया गया तुमसे।

त्रिलोकीदास : अरे भैया! तुझे पता तो होगा, नगर की महिलाओं ने बालसेवा-मुक्ति आंदोलन आरंभ कर दिया है। लक्ष्मी इस आंदोलन की सर्वेसर्वा है। इसी आंदोलन के लिए आज वह महिलाओं की एक इमरजेंसी मीटिंग में गई है टाउन हॉल में।

श्यामनाथ : लेकिन यह बालसेवा-मुक्ति आंदोलन क्या हुआ? दो-चार दिन पहले इसकी थोड़ी सुन-गुन तो मेरे कानों में पड़ी थी, पर पूरा पता नहीं चल सका कि यह है क्या बला!

त्रिलोकीदास : श्यामनाथ, यह बला नहीं है, महा बला है, महा बला।

श्यामनाथ : क्या चाहती हैं महिलाएँ?

त्रिलोकीदास : महिलाओं की माँग है कि उन्हें बच्चों की सेवा से मुक्ति दिलाई जानी चाहिए।

[बच्चे के रुदन के बीच दोनों की बात चल रही है। तभी तेज कदमों से सैंडल खटखटाती लक्ष्मी आती हुई दिखाई देती है। उसके साथ आंदोलन से जुड़ी दो और महिलाएँ केसरी देवी और फूलवती देवी भी हैं। बच्चे को रोता हुआ देखकर लक्ष्मी देवी का चेहरा गुस्से से लाल हो जाता है। वह चिल्लाते हुए कहती है।]

लक्ष्मी देवी : तुम जैसा निखट्टू मर्दुआ तो आज तक नहीं देखा। बिलाँच भर के बालक को नहीं चुपाया गया तुमसे।

श्यामनाथ : *(बीच में हस्तक्षेप और कटाक्ष करते हुए)* क्यों भाभी, त्रियादास से पहले और कितने निखट्टू मर्दुए देख चुकी हो, जरा बताओ तो सही।

लक्ष्मी देवी : *(असावधानी में कही गई बात पर झेंपते हुए)* तुम चुप रहो जी। बिलावजह टाँग अड़ा रहे हो बीच में।

[त्रिलोकी दोनों के बीच होनेवाली झड़प पर विराम लगाता है।]

त्रिलोकीदास : लक्ष्मी, माई डियर! तुम समझती क्यों नहीं! बच्चा माँ

की गोद में सुख पाता है, बाप की गोद में नहीं।

केसरीबाई : *(बातचीत में शामिल होते हुए)* ये सब तुम पुरुषों के ढकोसले हैं। माँ की गोद कोई स्वर्ग से तो उतरकर आई नहीं है। वही हाड़-मांस तुम्हारा, वही हमारा। मन और ममता से बालक को बहलाओ, तभी तो।

फूलवती देवी : तुम ठीक कहती हो। पुरुष प्यार-दुलार से बच्चे को बहलाना चाहे तो भला क्यों नहीं बहलेगा वह!

[इस बीच लक्ष्मी देवी बच्चे को गोद में लेकर उसके मुँह में दूध की बोतल दे देती है। बच्चा कुछ क्षण सुबक-सुबककर चैन के साथ दूध पीने में मग्न हो जाता है।]

लक्ष्मी देवी : *(पति को संबोधित करती हुई)* महोदय, यदि तुम प्यार से बच्चे को बहलाना चाहते तो क्या वह चुप न हो गया होता अब तक? इतनी देर में हलकान हो गया बेचारा। इसीलिए हमने 'बालसेवा-मुक्ति आंदोलन' शुरू किया है। जानते हो कि हमने क्या प्रस्ताव पास किया है?

त्रिलोकीदास : मुझे क्या पता, डियर! तुम ही बताओ।

[फ्लैश बैक में वह स्टेज नजर आता है, जहाँ बहुत सारी महिलाएँ इकट्ठी हैं और माइक पर खड़ी लक्ष्मी देवी भाषण दे रही है।]

लक्ष्मी देवी : हाँ तो बहनो! मैं तुमसे कह रही थी कि अब इस समाज को पुरुष-प्रधान समाज नहीं रहने दिया जाएगा। हमने बहुत अन्याय सहा है, अब नहीं सहेंगे, क्योंकि पुरुष-प्रधान समाज अब अपने वर्तमान रूप में पुरुष-प्रधान नहीं रहा, ब्रुश-प्रधान हो गया है। हर पुरुष के हाथ में एक बड़ा सा ब्रुश है, जिससे वह संपूर्ण नारी-जाति के मुँह पर कालिख पोतने में लगा है। हमें इस पुरुष और ब्रुश दोनों का मुकाबला साहस के साथ करना है।

[श्रोता महिलाओं की भीड़ जोर-जोर से तालियाँ बजाती है।]

एक आवाज : पुरुष और ब्रुश, दोनों।

अनेक आवाजें : मुर्दाबाद-मुर्दाबाद।

[शोर थम जाता है, लक्ष्मी देवी की आवाज फिर माइक पर गूँजती है।]

लक्ष्मी देवी : पुरुष तर्क देते हैं कि बालकों को पालने का काम महिलाओं का है। वाह भई, वाह! यह अच्छी धाँधली रही! पैदा भी हम करें, पालें भी हम! तुम लोग मौज उड़ाओ, मस्ती काटो। अब यह नहीं होगा। यह नहीं होगा।

[महिलाओं की भीड़ से फिर तालियों की आवाज आती है।]

लक्ष्मी देवी : *(अपनी बात आगे बढ़ाते हुए)* मेरा विचार है कि यहाँ बैठी हुई महिलाओं में से अनेक खेत-किसानी के काम से भली प्रकार परिचित होंगी।

[लक्ष्मी एक क्षण रुकती है और उपस्थित महिलाओं की भीड़ पर दृष्टि डालती है।]

कई महिलाएँ : *(एक-एक करके)* हाँ, हम किसान घराने की हैं, हमें पता है खेत-किसानी के काम का।

लक्ष्मी देवी : *(माइक पर अपनी आवाज ऊँची करती हुई)* हाँ, तो आप जानती हैं कि किसान क्या करता है? धरती का दायित्व क्या होता है!

[कुछ क्षणों के लिए मौन छा जाता है। इस मौन को तोड़ती हुई लक्ष्मी माइक पर बोलती है। उसकी आवाज और ऊँची हो गई है।]

लक्ष्मी देवी : किसान भूमि को फसल के लिए तैयार करता है। समय आने पर दाने बो देता है उसमें। यहाँ से शुरू होता है धरती का काम। यह धरती उन दानों को अंकुरित करती है, उन्हें उपजाती है। बस, इतने पर धरती का सारा दायित्व

समाप्त हो जाता है। अब जहाँ तक सवाल खेत को पानी देने का है, फसल में खाद डालने का है, उसकी सुरक्षा-व्यवस्था का है, यह सब काम किसान को करने होते हैं, धरती को नहीं।

[लक्ष्मी कुछ क्षण के लिए फिर चुप हो जाती है। सभी महिलाएँ उसकी अंतिम टिप्पणी सुनने की प्रतीक्षा में हैं।]

लक्ष्मी देवी : *(पुनः संबोधन शुरू करती हुई)* तो बहनो! एक नारी भी धरती के समान होती है। वह फसल उगाएगी फिर उसकी सारी जिम्मेवारी पूरी। अब उसे खाद-पानी देने, पालने-पोसने का काम पुरुष का है। ये पुरुष लोग हजारों-लाखों साल से अपना काम हमारे सिर पर डालते आ रहे हैं, हमें मूर्ख बनाते आ रहे हैं। अब यह नहीं होगा। आगे हम बालक को जन्म देंगी तो पालेंगे पुरुष। यह नहीं होगा कि पैदा भी हम करें और पालें भी हम।

[महिलाएँ फिर जोर-जोर से तालियाँ बजाती हैं। लक्ष्मी का स्वर उत्साह से भर जाता है।]

लक्ष्मी देवी : बहनो! पुरुष-प्रधान समाज की यह मान्यता निराधार है कि पैदा करने से लेकर चलने-फिरने तक बालक की सारी सेवा उसकी माँ के जिम्मे है। धरती अपनी उपज की सेवा स्वयं नहीं करती है। वह तो केवल उत्पादन करती है। हम भी केवल उत्पादन करेंगी, संपादन यानी पालन-पोषण नहीं करेंगी।

[एक बार फिर महिलाओं की भीड़ तालियाँ बजाती है।]

लक्ष्मी देवी : *(स्वर ऊँचा करती हुई)* यदि पुरुष-समाज को हमारी यह माँग स्वीकार्य नहीं है तो इस समस्या का समाधान केवल दो तरह से हो सकता है। या तो आगे से कोई महिला बच्चा पैदा करने का कष्ट मोल नहीं लेगी या फिर पुरुष

जाति भविष्य में कोई ऐसी विधि विकसित करे, जिससे वह अपनी कोख से बच्चे को जन्म दे सके। यदि वह ऐसा कर सका तो मैं पूरे नारी-समाज की ओर से पुरुषों को विश्वास दिलाती हूँ कि महिलाएँ बच्चों को पालने में पुरुषों की कोई सेवा नहीं लेंगी, पुरुष बच्चा पैदा करे, हम उसे पालेंगी। यदि वह ऐसा नहीं कर सकता और बच्चे जनने की चली आ रही परिपाटी को बनाए रखना चाहता है तो वह कान खोलकर सुन ले कि हम यदि बच्चा पैदा करेंगी तो पालेंगे पुरुष। हम धरती की भूमिका अदा करेंगी, दासी की नहीं।

[महिलाएँ फिर जोर-जोर से तालियाँ बजाती हैं। भीड़ जोर-जोर से नारे लगा रही है।]

एक आवाज : लक्ष्मी देवी!

अनेक आवाजें : जिंदाबाद, जिंदाबाद!

एक आवाज : हम उत्पादन करेंगी, संपादन नहीं।

अनेक आवाजें : नहीं-नहीं-नहीं।

[तालियों की गड़गड़ाहट में लक्ष्मी देवी माइक के पास से वापस अपनी सीट पर चली जाती है। इसके बाद सभा की संचालिका एक अन्य महिला फूलवती को अपनी बात कहने के लिए आमंत्रित करती है।]

संचालिका : अब मैं बालसेवा-मुक्ति आंदोलन की वरिष्ठ सचिव श्रीमती फूलवती को कष्ट देना चाहती हूँ। वह माइक पर आएँ और महिलाओं के सामने अपने विचार उपस्थित करें।

फूलवती : बहन लक्ष्मीजी ने विस्तार से सारी बातें आपके सामने रख ही दी हैं। यह तो आप जान ही चुकी हैं कि हमारे इस नए आंदोलन का मुख्य उद्देश्य क्या है? अब रहा सवाल कष्ट भोगने का, जैसा अभी-अभी संचालिका महोदया ने कहा है, सो इस संबंध में मैं आपको याद

दिलाना चाहती हूँ कि हम नारियाँ तो होश सँभालते ही बालसेवा की भेंट चढ़ा दी जाती हैं।

[महिलाओं की भीड़ से हँसी का फव्वारा फूट निकलता है।]

कई आवाजें : कैसे, कैसे?

फूलवती : सभा में उपस्थित प्रत्येक बहन याद करे और सोचे। उसे याद आएगा कि जब वह सात-आठ साल की बिल्कुल कोमल कली थी, तो बाप दोपहर भर पाँव फैला के सोता था। माँ घर-गृहस्थी के धंधों को निपटाने में लग जाती थी और गोद में डेढ़-दो वर्ष के बालक को ठूँस देती थी। वह बेचारी इस बोझ को अपने कूल्हे पर रखकर दिन-दिन भर इधर-से-उधर और उधर-से-इधर घूमती रहती। बालक के बोझ से उसकी कमर दर्द करने लगती। कूल्हे अकड़ जाते, पर वह इस डर से उफ तक न करती कि माँ-बाप की डाँट सहनी पड़ेगी। सात-आठ साल की यह बच्ची अपने छोटे भाई-बहन का बाल-बोझ ढोते-ढोते जब सोलह-सत्रह साल की हो जाती तो बच्चे को थपकते-थपकते उसके वे नन्हे-नन्हे हाथ, जो लाल हो गए होते, पिताश्री एकदम पीले कर देते। अगले ही बरस उसके कूल्हे पर अपने पिताश्री की जगह स्वयं उसका अपना बच्चा आ जाता। सारी जवानी इसी प्रकार एक के बाद एक बच्चे का बोझ ढोते गुजर जाती। बच्चे जवान होते तो सोचती कि अब उसे जीवन भर के लिए बालसेवा से मुक्ति मिल जाएगी, लेकिन नहीं साहब। पूत का विवाह करती, बड़े चाव से चाँद जैसी दुल्हन घर में लाती, तो साल भर बाद ही रूँ-रूँ करता एक और बच्चा उसकी गोद में आ जाता। अब वह इस बोझ को ढोए-ढोए फिरती। यह दुखद परिपाटी हजारों वर्षों से चली आ रही है। जबकि पुरुष बालसेवा के नाम पर कुछ नहीं करता। वह फली

तक नहीं फोड़ता।

[महिलाओं की भीड़ से शेम-शेम की आवाज आती है।]

अनेक आवाजें : अब यह नहीं चलेगा, अब यह नहीं चलेगा। बच्चा नारी पैदा करेगी तो पाल-पोसकर बड़ा पुरुष करेगा।

[शोर शांत होता है तो फूलवती की आवाज फिर माइक पर गूँजती है।]

फूलवती : क्यों बहनो! क्या तुम्हें यह अच्छा लगता है कि तुम अपनी छह-सात साल की आयु से लेकर अस्सी साल की आयु तक मात्र बालसेवा में लगी रहो? पहले अपने पिताश्री के छोटे बच्चों को पालो, फिर पतिदेव के और अंत में सुपुत्र के। यहाँ तक कि बालसेवा करते-करते नरक सिधार जाओ। क्या तुम्हें यह अच्छा लगता है, बहनो?

अनेक आवाजें : नहीं, नहीं। अब यह कुचक्र नहीं चलेगा। अब यह कुचक्र नहीं चलेगा।

[महिलाओं की भीड़ जोर-जोर से तालियाँ बजाती है। फूलवती माइक छोड़कर जैसे ही वापस जाती है, संचालिका की आवाज पंडाल में गूँजने लगती है।]

संचालिका : बहनो, आपने बहन फूलवती से महिला-वर्ग के बारे में बहुत ही महत्त्वपूर्ण बातें जानीं। उन्होंने कुछ ऐसे अनुभव आपके सामने रखे, जो दिल दहला देने वाले भी हैं और शिक्षाप्रद भी। अब मैं बहन केसरी देवी को आमंत्रित करती हूँ। वह आएँ और अपने बहुमूल्य विचार आपके सामने रखें।

[केसरी देवी साड़ी का पल्लू कंधे पर ठीक करती हुई माइक के सामने आ जाती है।]

केसरी देवी : बहनो, मैं समझती हूँ कि अब तक आप बालसेवा-मुक्ति

आंदोलन की पृष्ठभूमि और इसके उद्देश्यों से भली-भाँति परिचित हो चुकी होंगी। यह आंदोलन हमारा शौक नहीं मजबूरी है। हमें अपने प्राकृतिक अधिकारों के लिए लड़ना ही होगा। यदि हमने संघर्ष नहीं किया तो हमारा अस्तित्व संकट में पड़ जाएगा।

[भीड़ से आवाजें– 'बिल्कुल, बिल्कुल। बहन, आप संघर्ष करें, हम आपके साथ हैं।']

केसरी देवी : *(माइक पर ऊँची आवाज से)* पुरुष समाज इतना सीधा नहीं है, जितना आप समझती हैं। वह बहुत चालाक है। वह हमें राजनीति की टॉफियाँ दे-देकर बहलाए रखना चाहता है। हमारी मूल समस्या बालकों का पालन-पोषण है, संरक्षण-आरक्षण नहीं है।

[भीड़ शोर मचाती है– 'ठीक है, ठीक है।']

केसरी देवी : आप जानती हैं, बहनो! हमें संसद् और विधानसभाओं में तैंतीस प्रतिशत आरक्षण दिया जा रहा है। पुरुष समाज हमसे कहता है कि हम महिलाएँ अब तैंतीस प्रतिशत की हिस्सेदारी संसद् और विधानसभाओं में करेंगी। हमारे चुनाव-क्षेत्र पूर्ण रूप से आरक्षित होंगे, उन चुनाव-क्षेत्रों से कोई पुरुष उम्मीदवार चुनाव नहीं लड़ सकेगा। हर दशा में महिलाएँ ही चुनकर संसद् और विधानसभा में पहुँचेंगी। वे अपने भाग्य का फैसला स्वयं करेंगी। अपने विकास, कल्याण और उन्नति के लिए स्वयं कानून बनाएँगी, उनपर अमल करवाएँगी। महिलाओं के पास शक्ति होगी, क्षमता होगी, तब समाज में समता और एकरसता आएगी। क्या आप समझती हैं कि यह ठीक है? क्या यह सपना पूरा होगा?

[महिलाओं की भीड़ शोर मचाती है– 'नहीं, नहीं। यह धोखा है, छलावा है। इससे हमें कुछ मिलनेवाला नहीं है।']

केसरी देवी : *(माइक पर अपनी आवाज बुलंद करती हुई)* बहनो, मैं आपको बताती हूँ कि यह धोखा और छलावा क्यों है? आप तनिक सोचें तो यह बात साफ तौर से आपके सामने आ जाएगी। हम महिलाएँ यदि इसी प्रकार बालसेवा में लगी रहीं या लगाए रखी गईं तो विधानसभा और संसद् में हम कुछ नहीं कर पाएँगी। नाम हमारा होगा, काम वे करेंगे। हम होंगी विधानसभा में तो ध्यान होगा बच्चों में। हम होंगी संसद् में तो खयाल रहेगा पुत्तर का। तो बहनो, सबसे पहले जरूरत जिस बात की है, वह है– बालसेवा से मुक्ति। जब तक यह मुक्ति नहीं मिलेगी, हमें आरक्षण का कोई लाभ नहीं मिल पाएगा।

[भीड़ से महिलाओं की आवाज आती है– 'करेक्ट-करेक्ट। बालसेवा नहीं चलेगी, बालसेवा नहीं चलेगी।']

केसरी देवी : *(माइक पर आवाज ऊँची करती हुई)* तो बहनो, यही सब सोचकर हमने 'बालसेवा-मुक्ति आंदोलन' आरंभ किया है और हमें खुशी है कि अधिक-से-अधिक महिलाएँ हमारी आवाज पर एकत्र होकर आंदोलन के साथ जुड़ती जा रही हैं। मैं आपको यह भी बता देना चाहती हूँ कि हमारा आंदोलन किसी प्रकार की राजनीति से प्रेरित नहीं है। राजनीति से प्रेरित तो पुरुष जाति के आंदोलन होते हैं, नारी जाति के नहीं। चूँकि हम जानती हैं कि बालसेवा से मुक्ति पाए बिना हम आरक्षण-संरक्षण से भी कोई लाभ नहीं उठा सकेंगी, इसलिए हमने सबसे पहले बालसेवा से मुक्ति का आंदोलन आरंभ किया है।

[महिलाओं की भीड़ में नारे लगते हैं– 'बहनो! तुम संघर्ष करो, हम तुम्हारे साथ हैं।']

केसरी देवी : नारी समाज माँग करता है कि हमें बालसेवा के आजीवन कारावास से मुक्ति दो। हम बाल-उत्पत्ति तो करेंगी, बालसेवा

नहीं। यह क्या हुआ, पहले अपने बाप का बच्चा पालें, फिर अपना बच्चा पालें, फिर अपने बच्चों का बच्चा पालें और इस तरह समूचा जीवन बच्चा-पालन में लगा दें। कहाँ का आरक्षण, कहाँ का संरक्षण! बहनो, हाथ उठाकर कहो, हम यह बालसेवा नहीं करेंगी।

आवाजें : हम बालसेवा नहीं करेंगी, हम बालसेवा नहीं करेंगी।

[मंच पर फिर त्रिलोकीदास, उसका मित्र श्यामनाथ, त्रिलोकी की पत्नी लक्ष्मी तथा फूलवती और केसरी देवी बैठे दिखाई देते हैं।]

श्यामनाथ : *(बालक को लक्ष्मी की गोद में आराम से सोते देखकर)* भाभी, यह तो सोचो कि यह जो आपने बालसेवा-मुक्ति आंदोलन आरंभ किया है, वह सफल होगा कैसे?

केसरी देवी : क्यों? सफल कैसे नहीं होगा?

त्रिलोकीदास : जब स्वयं बच्चा ही नहीं मानेगा; वह बाप की नहीं, माँ की सेवा से ही संतुष्ट होगा तो बालसेवा से मुक्ति आप लोगों को मिलेगी कैसे?

श्यामनाथ : हाँ भाभी! त्रियादास ठीक कह रहा है। देखो, यह दो घंटे से बच्चे को बहलाने के लिए सिर खपा रहा था, पर कहाँ मानता यह नन्हा सा बालक? जितना चुप कराया, उतना ही यह और रोया; पर माँ की गोद में आते ही चैन से सो गया।

लक्ष्मी देवी : एकदम बकवास! जब काम मन लगाकर नहीं करोगे तो वह होगा कैसे? बच्चा ममता को पहचानता है। जब तुममें ममता नहीं होगी, तो सुख कैसे मिलेगा उसे!

श्यामनाथ : भाभी, हमने तो यह सुना है कि ममता माँ में होती है, माँ के अलावा किसी और में नहीं।

फूलवती : होती होगी, हमने अब जो आंदोलन शुरू कर दिया है, बालसेवा-मुक्ति आंदोलन, यह तुम लोगों के हीले-हवालों से रुकेगा नहीं। तुम लोगों को अपने मन में माँ जैसी

ममता पैदा करनी होगी। हम बाल-उत्पत्ति के बाद कुछ नहीं करेंगी, कम-से-कम बालसेवा तो नहीं ही करेंगी। तुम अपनी खेती खुद सँभालो। उत्पत्ति हमारी, संपत्ति तुम्हारी, यह कैसे चलेगा, कब तक चलेगा यह?

[इसी बीच लक्ष्मी देवी सोते हुए बालक को पति की गोद की तरफ बढ़ाते हुए अपनी सहकर्मियों की ओर देखती है। सोते हुए बालक को त्रिलोकीदास अपनी गोद में भर लेता है।]

लक्ष्मी देवी : *(साथी महिलाओं से)* बहन! मैं तुम्हें वह पैंफलेट अभी दिए देती हूँ, जिसमें हमने अपना भावी कार्यक्रम छापा है। तुम उन्हें पूरे शहर में वितरित करा देना।

[लक्ष्मी अभी उठ भी नहीं पाई थी कि बच्चा फिर बिलख-बिलखकर रोने लगता है। पिता की गोद में जाते ही उसकी आँखें खुल जाती हैं।]

श्यामनाथ : *(बच्चे के रोने की आवाज सुनकर)* भाभी, पहले मुन्नू को सँभालो! मुन्नू नहीं चुप होगा तो बालसेवा-मुक्ति का आंदोलन भी नहीं चलेगा, नहीं चलेगा।

[लक्ष्मी प्यार से फिर बालक को अपनी छाती से चिपटा लेती है। धीरे-धीरे परदा गिर जाता है।]

(समाप्त)

सिपाही कुछ कदम और आगे बढ़ता है। सामने से आते हुए एक और व्यक्ति को रोकता है।

आग का तमाशा

पात्र-परिचय

फकीर मुहम्मद उर्फ झुनझुना : एक कव्वाल
मुफ्तलाल : पान-बीड़ी भंडार का मालिक
मुंगेरी सिंह : कोतवाल
बुलबुली बेगम : झुनझुना की पत्नी
आशिफ़ हुसैन 'आह' चौपटपुरी और कई अन्य

[सुबह के दस बजे का समय है। एक पुलिसकर्मी सड़क पर डंडा हाथ में लिये एक-एक घर की ओर ध्यान से देखता हुआ चल रहा है। सड़क पर आने-जानेवाले लोगों का ताँता बँधा है। पुलिसकर्मी एक व्यक्ति को रोकते हुए।]

सिपाही : अरे! क्या नाम है तेरा, जरा ठहर जा।

व्यक्ति : *(चलते-चलते रुक जाता है)* बोलो दीवानजी, क्या बात है?

सिपाही : *(हाथ का डंडा बगल में दबाते हुए और जेब से कागज निकालकर पढ़ते हुए)* अरे, यह *(अटक-अटककर)* फकीर मुहम्मद... अरे, आगे क्या नाम है ससुरे का, फकीर मुहम्मद उर्फ झुनझुना कव्वाल किधर रहता है?

व्यक्ति : मैं नहीं जानता, दीवानजी, नया-नया आया हूँ इस महल्ले में।

सिपाही : *(आगे बढ़ते हुए धीरे से गाली देता है)* कहता है, नया आया हूँ। महल्लेवालों को नहीं जानता, ससुरा!

[सिपाही कुछ कदम और आगे बढ़ता है। सामने से आते हुए एक और व्यक्ति को रोकता है।]

सिपाही : अरे, कौन है तू?

व्यक्ति : *(विनम्रतापूर्वक)* मैं आपको क्या दिखाई दू हूँ, दीवानजी!

सिपाही : *(बड़बड़ाते हुए)* बात का कोई सीधा जवाब नई देते हैं इस मुहलिया में।

व्यक्ति : बात तो पूछो, दीवानजी! आप तो पहले ही नाराज हो रए हो।

सिपाही : *(हाथ का डंडा फिर बगल में दबाता है और कागज खोलकर पढ़ता है)* अरे यह *(रुक-रुककर)* फकीर मुहम्मद उर्फ झुनझुना कव्वाल किधर रहता ए?

व्यक्ति : *(सिपाही को समझाते हुए)* वह जो दीवानजी, आगे चलकर बाएँ हाथ की सीध में चलते हुए बाएँ हाथवाली गली में घूम जाना और फिर सीधे हाथ को जब मुफ्तलाल बीड़ी भंडार का साइन बोर्ड...।

सिपाही : *(व्यक्ति को डाँटकर रोकते हुए)* अबे, क्या हनुमान चालीसा बाँच रहा ए रे... पहले दाएँ हाथ को, फिर बाएँ हाथ को, फिर नाक की सीध में, फिर तेरी पीठ में! अबे, साथ चलके बता।

व्यक्ति : *(विनम्रतापूर्वक)* गाली क्यों दो हो, दीवानजी। सीधी बात कहो, रास्ता तुम्हारी समझ में ना आ रिया है।

सिपाही : *(कड़ककर)* अबे, तू रस्ता बता रहा है कि पहेलियाँ बुझा रहा है!

व्यक्ति : अच्छा, चलो दीवानजी, मैं तुम्हें छोड़ आऊँ, झुनझुना कव्वाल के घर। थाने में कव्वाली का प्रोग्राम है क्या?

सिपाही : *(झुँझलाते हुए)* अबे नहीं, कव्वाली की ऐसी-तैसी, ऊपर से तेरी भी। साथ में चलता है कि नहीं।

व्यक्ति : चलता हूँ।

[दोनों साथ-साथ चलते दिखाई देते हैं। एक घर के दरवाजे पर पहुँचकर दोनों रुक जाते हैं। साथ का व्यक्ति सिपाही को

फकीर मुहम्मद उर्फ झुनझुना कव्वाल की चौखट पर पहुँचाकर खुद रफूचक्कर हो जाता है।]

सिपाही : *(दरवाजे की कुंडी बजाते हुए)* अरे, कोई है! अरे ओ झुनझुने! *(दो बार जोर-जोर से कुंडी बजाता है।)*

महिला : *(परदे के पीछे से झाँकती हुई)* कौन हो जी, किधर से आए हो?

सिपाही : *(कड़ककर)* हम थाने से आए रहे हैं। थाना कोतवाली शहर से, कहाँ है झुनझुना?

महिला : *(डरे हुए स्वर में)* क्या बात है जी?

सिपाही : *(उसी अकड़ में)* काम तुझसे नहीं, उसी से है। कौन है तू?

महिला : मेरा नाम बुलबुली बेगम है जी, मैं उनकी…।

सिपाही : *(औरत को देखकर थोड़ा नरम पड़ते हुए)* बुलबुली कि चुलबुली? लगता है, तू झुनझुने की…!

महिला : *(सिपाही की बात काटते हुए)* हाँ जी, हाँ!

सिपाही : कहाँ है झुनझुना? जल्दी भेज उसे।

[बुलबुली बेगम भीतर चली जाती है। सिपाही कुछ क्षण द्वार पर खड़ा रहकर अपने डंडे को घर के सामने बनी पैड़ी पर पटकता रहता है। इतने में झुनझुना कव्वाल दरवाजे से बाहर निकलता है और दीवानजी को झुककर सलाम करता है।]

सिपाही : *(फिर वही परचा आँखों के पास ले जाते हुए)* अरे, तेरा ही नाम है *(अटक-अटककर पढ़ते हुए)* फकीर मुहम्मद उर्फ झुनझुना कव्वाल पुत्र…।

झुनझुना : *(जल्दी से)* हाँ दीवानजी, मैं ही हूँ। बताइए, क्या सेवा करूँ आपकी? कहीं कोई प्रोग्राम-व्रोग्राम है क्या?

सिपाही : तेरे खिलाफ रपट दर्ज हुई है। तूने मुफ्तलाल बीड़ी भंडार के खोखे में आग लगा दी। खोखा जलकर भस्म हो गया।

झुनझुना : *(हाथ जोड़कर)* नहीं माईबाप! किसी ने झूठ बहका दिया है दीवानजी आपको। आग लगाने का नहीं, आग बुझाने का काम करते हैं जी हम तो…।

सिपाही : *(डाँटकर)* सफाई दीजो अदालत में। पुलिस का काम है अंदर करना और जज का काम है बाहर करना। चल, जल्दी कर।

बुलबुली : *(परदे से बाहर झाँकते हुए)* हे अल्लाह! पट करे उसका कुनबा, जिसने रपट लिखवाई हमारे खिलाफ। कौन मुआ है वो?

सिपाही : थाने में जाने पर चल जाएगा सब पता।

बुलबुली : हम तो गाने का काम करते हैं, दीवानजी, आग लगाने का नहीं।

सिपाही : लंबी बात मत करो। जल्दी चलो, जल्दी।

[झुनझुना कव्वाल सिपाही के साथ सड़क पर थाने की ओर जाता दिखाई देता है। पीछे-पीछे सलवार-कमीज पहने बुलबुली बेगम चल रही है।]

दृश्य परिवर्तन

[थाने में काफी चहल-पहल है। सिपाही इधर-उधर आ-जा रहे हैं। एक ओर बनी हवालात में बैठे कुछ व्यक्ति बाहर की ओर झाँक रहे हैं। कुछ आदमी बाहर मोटे रस्से से बँधे बैठे हैं। एक बड़े से कमरे के सामने पहुँचकर सिपाही झुनझुना कव्वाल को खड़ा रहने का निर्देश देते हुए अंदर चला जाता है। अंदर एक बड़ी मेज के पीछे कुरसी पर कोतवाल साहब विराजमान हैं। सिपाही दोनों बूट खटाक से टकराकर सैल्यूट मारता है।]

थानेदार : क्यों रे, ले आया झुनझुने को!

सिपाही : हाँ, सरकार ले आया, हाजिर है झुनझुना!

थानेदार : तू बजा उसे!

सिपाही : *(बगल से डंडा निकालते हुए)* बजाऊँ सरकार?

थानेदार : अबे, बजाने का मतलब अभी थपकना है। यहाँ लाकर बजा उसका टेप। सुनें, क्या कहता है वो?

सिपाही : झुनझुने के साथ उसकी नफीरी भी साथ आई है, सरकार!

थानेदार : नफीरी, अरे कौन नफीरी?

सिपाही : बुलबुली बेगम।

थानेदार : भेज भीतर।

[सिपाही झुनझुना कव्वाल को कमरे के भीतर लाता है। साथ में बुलबुली बेगम भी है। थानेदार तेवर चढ़ाकर पूछता है।]

थानेदार : क्यों रे झुनझुना! आग तूने ही लगाई है मुफ्तलाल पान-बीड़ी भंडार में।

झुनझुना : *(घबराहट भरे स्वर में)* नहीं सरकार, यह झूठ है, बिल्कुल झूठ। हम तो कव्वाल लोग हैं, माई-बाप।

बुलबुली : सरकार, यह बिल्कुल झूठा इल्जाम है। हमारी तो किसी से दुश्मनी भी नहीं है जी।

थानेदार : *(सिपाही से)* मुद्दई को ला बुलाकर।

[सिपाही कमरे से बाहर जाता है और कुछ ही देर में किसी अन्य स्थान पर बैठे मुफ्तलाल पान-बीड़ी भंडार के मालिक को साथ लेकर आता है।]

थानेदार : *(मुफ्तलाल की तरफ देखते हुए)* आग इसी ने लगाई है तेरी दुकान में, झुनझुना कव्वाल ने!

मुफ्तलाल : बिल्कुल सरकार, मेरी दुकान में आग इसी ने लगाई है, झुनझुना कव्वाल ने।

थानेदार : इससे कोई दुश्मनी चल रही है तेरी?

मुफ्तलाल : हाँ सरकार! तीन-चार दिन पहले झुनझुना मेरी दुकान पर बीड़ी उधार लेने आया था। मैंने उधार देने से इनकार कर दिया तो...।

थानेदार : हाँ, तो उधार न देने की दुश्मनी में आग लगाई है रे तूने इसकी दुकान में?

झुनझुना : यह बिल्कुल झूठ कहता है, थानेदारजी। उधार तो दुकानदार की इच्छा पर होता है, सरकार। दे या न दे।

बुलबुली : उधार न देने से आग लगाने का कोई मतलब नहीं।

मुफ्तलाल : इतना ही नहीं सरकार, पहले पूरी बात सुन लीजिए मेरी।

थानेदार : बोल-बोल! बक, क्या बकता है?

मुफ्तलाल : सरकार, जिस शाम मैंने इसे उधार देने से मना किया था, उसी रात इसके घर से सुबह तक आवाज आती रही– 'हम आग लगा देंगे, हम आग लगा देंगे।'

थानेदार : क्यों बे उल्लू की दुम, ऐसा कहा तूने? घोषणा करके आग लगाई?

झुनझुना : नहीं सरकार, भरम हुआ है मुफ्तलालजी को। मैं तो उस रात तबले पर रियाज कर रहा था।

थानेदार : *(बीच ही में बात काटते हुए)* रियाज क्या होता है बे?

झुनझुना : रियाज तो सरकार रियाज ही होता है, बस।

थानेदार : *(ताव में आकर)* ये रियाज-रियाज क्या लगा रखा है! दीवानजी, प्याज का रस छिड़को इसकी आँखों में।

[दीवानजी आगे बढ़ते हैं। झुनझुना घबराकर हाथ जोड़ता है।]

झुनझुना : माई-बाप, पहले मेरी बात तो सुन लो।

थानेदार : बोल, क्या कहता है?

झुनझुना : उस रात मैं रियाज कर रहा था··· सरकार और कव्वाली के बोल थे–

हर दिल में मुहब्बत की हम आग लगा देंगे।
हम आग लगा देंगे।

बुलबुली : और मैं तबले पर संगत दे रही थी, सरकार।

थानेदार : *(लगभग चीखते हुए)* अबे, यह बात तो फिर साबित हो ही गई कि तूने आग लगाई है।

बुलबुली : हम तो बात मुहब्बत की आग की कर रहे थे, सरकार, किसी और आग की नहीं।

थानेदार : *(भड़ककर)* अरी मुहब्बत की आग कहाँ होती है? तेरे घर में होती है क्या? कोयले की आग हमने देखी, लकड़ी की आग हमने देखी, फूस की आग हमने देखी, बिजली की

आग हमने देखी, डीजल की, पैट्रोल की, मिट्टी के तेल की आग भी हमने देखी; पर यह मुहब्बत की आग–जरूर मुहब्बत की आग में दुश्मनी निकाली है तूने।

झुनझुना : सरकार, मैं तो सारी दुनिया को प्रेम के धागे में बाँधने की बात कर रहा था, आग लगाने की नहीं।

थानेदार : कैसे कर रहा था, बता बोल?

झुनझुना : कान पर हाथ रखकर गाता है–

हर दिल में मुहब्बत की हम आग लगा देंगे
हम आग लगा देंगे
हम आग लगा देंगे।
अहे जी वा...।

थानेदार : *(कव्वाल को चुप करते हुए)* अबे यह 'अहे जी वा' क्या होता है? कौन है यह?

सिपाही : लगता है सरकार, आग लगाने में कोई अहे जी भी साथ रहा होगा, इसके।

थानेदार : जरूर, जरूर! जाओ दीवानजी, पकड़ लाओ 'अहे जी' को। कौन है यह ... का बच्चा?

बुलबुली : सरकार यह कोई आदमी थोड़े ही है। यह तो एक तरह की ताल है कव्वाली की?

झुनझुना : हाँ सरकार, ताल है यह।

थानेदार : अबे, हम नहीं जानते ताल–तलैया, हाजिर करो इस 'अहे जी' को। आग लगाने में वह भी साथ रहा होगा, दीवानजी। दो सिपाही ले जाओ और अहे जी को लाओ पकड़ के।

[दीवानजी दो सिपाहियों को साथ ले जाते हुए दिखाई देते हैं। कुछ देर बाद लंबा कुर्ता पहने हुए और बालों को बिखराए हुए एक पतला–दुबला व्यक्ति कोतवाल के सामने पेश किया जाता है।]

सिपाही : यह है सरकार, वह अहे जी, जिसने झुनझुने के साथ मिलकर आग लगाई थी, मुफ्तलाल पान–बीड़ी भंडार में।

थानेदार : क्यों रे, तू आग लगाने में शरीक था, कौन है तू?

व्यक्ति : नहीं सरकार, आग नहीं लगाई मैंने। मैं तो शायर हूँ– आशिक हुसैन 'आह' चौपटपुरी। लोग मुझे आदर से 'आह साहब' या 'आह जी' कहकर पुकारते हैं।

थानेदार : तो आहे जी तो हुआ तू!

सिपाही : हाँ सरकार! बिलकुल ठीक। जब झुनझुना बार-बार भौंक रहा था, हम आग लगा देंगे, अहे जी, हम आग लगा देंगे, अहे जी। तो उसका इशारा इसी की तरफ रहा होगा। प्यार में आह जी की जगह 'अहे जी' कह रहा होगा यह।

थानेदार : तू एकदम ठीक कहता है रे! झुनझुना और अहे जी ने मिलकर आग लगाई है खोखे में।

बुलबुली : मुहब्बत की आग को सचमुच की आग मत समझो, थानेदारजी।

थानेदार : *(चुटकी लेते हुए)* मुहब्बत में आग कहाँ होती है, बुलबुली, मुहब्बत में आँसू होते हैं, आहें होती हैं, आग का मतलब है आग।

बुलबुली : समझने की कोशिश करो, सरकार।

थानेदार : चुप! बात मत कर। दीवानजी, दोनों का चालान लिखो। भेजो जेल।

[तभी शहर के कुछ संभ्रांत व्यक्ति आते हैं।]

व्यक्ति-1 : कोतवाल साहब! आपने गलत पकड़ लिया है भाई झुनझुना जी को और आह साहब को। यह कव्वाल हैं और यह शायर। आग तो यह लगा ही नहीं सकते।

थानेदार : फिर क्या लगा सकते हैं?

व्यक्ति-2 : तान लगा सकते हैं।

थानेदार : लगवाओ तान इनसे।

व्यक्ति-3 : भाई झुनझुनेजी, जरा तान लगाकर दिखाओ कोतवाल साहब को।

झुनझुना : *(गाते हुए)* हर दिल में मुहब्बत की हम आग लगा देंगे
हम आग लगा देंगे, अहे जी।

[बुलबुली संगत करती हुई ताली बजाती है।]

थानेदार : *(थोड़ा नरम पड़ते हुए)* अच्छा, अगर तुम लोग यह समझते हो कि आग झुनझुना कव्वाल और अहे जी ने नहीं लगाई तो भी हम इन्हें हवालात जरूर भेजेंगे।

व्यक्ति-1 : क्यों? कोतवाल साहब! आग न लगाने पर हवालात क्यों भेजेंगे इन्हें?

कोतवाल : ऐसी चीज की चर्चा की है झुनझुने ने अपनी कव्वाली में, जिसका कोई अस्तित्व ही नहीं है दुनिया में।

व्यक्ति : काहे की सरकार!

कोतवाल : मुहब्बत की। इसने पूरे मुहल्ले को ही नहीं, सारी दुनिया को धोखा देने की कोशिश की। *(सिपाहियों को आदेश देते हुए)* इसका चालान कर हवालात में डाल दो।

[सिपाही झुनझुना को ले जाते हैं। परदा गिर जाता है।]

(समाप्त)

घर की मालकिन सविता रसोई में जल्दी-जल्दी नाश्ता तैयार करती हुई दिखाई देती है।

इक्कीसवीं सदी में

पात्र-परिचय

राजन : एक पत्रकार
सविता : राजन की पत्नी
चंद्रा : राजन-सविता की पुत्री
वीरा : राजन-सविता का पुत्र
सुधीर : राजन का सहकर्मी
भोला : नौकर
कार्यकर्ता
संपादक
अन्य पत्रकार

[मंच पर आधुनिक ढंग से सजाए गए एक सुंदर, लेकिन छोटे से घर का दृश्य है। घर की मालकिन सविता रसोई में जल्दी-जल्दी नाश्ता तैयार करती हुई दिखाई देती है। अभी सुबह के साढ़े नौ बजे हैं। सविता का पति राजन हड़बड़ाहट में बेडरूम से निकलकर आता है और पत्नी को आवाज लगाता है।]

राजन : सविता! सविता!

सविता : *(रसोई से बोलते हुए)* हाँ जी! क्या हुआ?

राजन : आज बहुत देर हो गई। साढ़े नौ बज चुके हैं। मैं जल्दी से

नहा-धोकर तैयार होता हूँ, तुम नाश्ता लगाओ। आज तो समय पर दफ्तर पहुँचना मुश्किल है।

सविता : आप तैयार होकर आइए, नाश्ता तो बस तैयार ही है।

राजन : *(खीजते हुए)* दैनिक अखबार में नौकरी करना तो बस मुसीबत ही है। दम मारने की फुरसत नहीं मिलती आदमी को।

सविता : अब समय मत गँवाइए। बस, जल्दी से स्नान कर लीजिए।

राजन : आज तुमने भी तो मुझे समय से नहीं उठाया।

सविता : मैं भी व्यस्त रही अन्य कामों में।

[सविता मेज पर नाश्ता लगाती है। राज बाथरूम से स्नान करके निकलता है। सविता अपने छोटे बच्चों चंद्रा और वीरा को जगाती है। राजन जल्दी-जल्दी नाश्ता करता दिखाई देता है।]

सविता : आज आपको पौने दस वाली बस तो मिलेगी नहीं।

राजन : मुश्किल है। मैं आज साढ़े दस बजे से पहले नहीं पहुँच पाऊँगा दफ्तर।

सविता : आज फिर जवाब-तलब होगा?

राजन : हाँ, लेकिन आज तुमने मुझे समय पर जगाया क्यों नहीं? क्या तुम भी आज सोती रह गई थीं नौ बजे तक?

सविता : नहीं! वह आज पापाजी का देहांत हो गया है सुबह-सवेरे।

राजन : *(सामान्य ढंग से लेते हुए)* पापाजी का देहांत हो गया! कब, किस समय?

सविता : ठीक टाइम का तो पता नहीं, राज! मुझे कोई पौने नौ बजे बताया था नौकर ने।

राजन : मरते समय कोई था उनके पास?

सविता : नौकर था, बीमार तो वह कई दिनों से चल रहे थे। रात में तकलीफ ज्यादा थी।

राजन : उनके कमरे में शव के पास कौन है अभी?

सविता : नौकर है।

राजन : *(आइने के सामने टाई की गाँठ ठीक करते हुए)* बीमार तो वह थे ही। उम्र भी पचहत्तर साल के लगभग हो चुकी थी।

ठीक समय पर चल बसे। बूढ़े लोगों को बीमारी और बुढ़ापे का दु:ख ज्यादा दिनों नहीं झेलना चाहिए ना।

सविता : ठीक कहते हो, लेकिन तुम दफ्तर से किस समय आओगे?

राजन : मैं आता रहूँगा, तुम इसकी चिंता न करो *(जेब से सौ-सौ रुपयों के बहुत से नोट निकालते हुए)* लो, पापाजी के अंतिम संस्कार के लिए यह रुपये रखो। नौकर को भेजकर अंतिम-संस्कार सहायक समितिवालों को सूचित करवा देना। वह क्रियाकर्म की सारी व्यवस्था कर देंगे। जो पारिश्रमिक वे लें, तुम दे देना। मैं चला।

[राजन तेजी से घर से निकल जाता है।]

सविता : *(नौकर को आवाज देते हुए)* भोले, ओ भोले!

भोला : *(मृत पापा के कमरे से निकलता हुआ)* जी मालकिन।

सविता : जरा अंतिम-संस्कार सहायक समिति के कार्यालय चला जा, लेकिन जल्दी! *(हाथ के नोट नौकर की तरफ बढ़ाते हुए)* ये रुपए रख! क्रियाकर्म का जो पारिश्रमिक वे लें, जमा कर देना और रसीद हाथो हाथ ले लेना।

भोला : अच्छा मालकिन!

सविता : और यह भी कह देना उन लोगों से कि जरा जल्दी व्यवस्था करें। देर न हो जाए। बाद में घर की सफाई-सुथराई भी करनी है।

[भोला रुपये पैंट की जेब में रखकर बाहर निकल जाता है।]

सविता : *(बच्चों को आवाज देते हुए)* अरे चंद्रा, वीरा! तुम लोग तैयार हो गए न स्कूल के लिए?

चंद्रा : हाँ मम्मी!

सविता : ड्रेस पहन ली।

वीरा : हाँ मम्मी! पर मेरी इंग्लिश की बुक नहीं मिल रही है कहीं।

सविता : ढूँढ़ो, वहीं कहीं होगी। रात में तुमने पढ़कर कहाँ रखी थी टेक्स्ट बुक?

वीरा : मुझे याद नहीं, मम्मी। मैं तो रात में पढ़ते-पढ़ते सो गया था।

चंद्रा : *(ऊँची आवाज में)* मिल गई, मम्मी। वह नीचे पड़ी है इनके सिरहाने।

सविता : अच्छा, तुम लोग अब जल्दी से स्कूल चले जाओ! टिफिन तो तुम लोगों ने अपने साथ रख लिये हैं?

वीरा : हाँ मम्मी, रख लिये हैं।

[दोनों बच्चे गुड मार्निंग करते हुए बाहर निकल जाते हैं। सविता पापा के कमरे में जाकर देखती है। फर्श पर एक शव सफेद चादर से ढका हुआ है। तभी अचानक घंटी बजती है। संकेत है कि मुख्य द्वार पर कोई आया है। सविता दरवाजे पर आती है। अंतिम-संस्कार सहयोग समिति के चार कर्मचारी एक वैन लिये दरवाजे पर खड़े हैं।]

सविता : अच्छा! आ गए तुम लोग?

कार्यकर्ता : हाँ जी?

सविता : नौकर कहाँ है?

कार्यकर्ता : उन्हें कुछ सामग्री लेने भेजा है, जी!

सविता : अच्छा, ठीक है! अब तुम लोग शव को उठाकर ले जाओ।

कार्यकर्ता : ठीक है जी।

[चारों घर के भीतर आ जाते हैं।]

सविता : देखो, सब काम विधिपूर्वक होना चाहिए, रीति-नीति के अनुसार। किसी बात की कोई कमी न रह जाए।

कार्यकर्ता : आप चिंता न करें, मेम साहब! सब काम ठीक तरीके से होगा; पर वहाँ आपका कोई आदमी रहेगा हमारे साथ?

सविता : हाँ, भोला रहेगा।

[चारों आदमी शव को उठाकर गाड़ी पर लाद देते हैं। इस बीच भोला भी आ जाता है। समिति वाले शव को लेकर चले जाते हैं।]

[परदा उठता है तो मंच पर कुछ व्यक्ति अपने-अपने स्थानों

पर समाचार लिखने में व्यस्त हैं।]

राजन : *(कमरे में प्रवेश करते हुए संपादक से)* मैं कोई बीस मिनट लेट हो गया हूँ सर! क्षगा करें।

संपादक : *(घड़ी देखकर, राजन की ओर नजर डालते हुए)* क्यों? आज क्या कठिनाई आ गई थी तुम्हारे साथ?

राजन : वह साहब, आज सवेरे मेरे पापाजी का देहांत हो गया।

संपादक : किस उम्र के व्यक्ति थे वह?

राजन : यही कोई पचहत्तर साल के रहे होंगे।

संपादक : *(शांत भाव से)* ठीक है। यह मृत्यु का लगभग ठीक समय था। देश में इस वक्त आदमी की औसत आयु बहत्तर वर्ष है। तीन साल अधिक जी लिये। ठीक है।

राजन : सहयोग समिति वालों को सूचना देने में थोड़ी देर हो गई इसलिए...।

संपादक : *(बात काटते हुए)* अखबार यह नहीं देखता कि आपके लेट होने का कारण कितना उचित या कितना तर्कसंगत है। अखबार का मालिक आपके लेट होने को सहन कर सकता है; लेकिन पाठक अखबार के लेट होने को सहन नहीं कर सकते। समझे!

राजन : बिल्कुल, बिल्कुल ठीक कहा आपने?

संपादक : अच्छा! जाओ, अपनी टेबल पर! देखो कि आज क्या-क्या लोकल समाचार हैं।

राजन : लोकल समाचारों में क्या अपने पिताजी की मृत्यु का समाचार लगा दूँ सर!

संपादक : यह कोई समाचार हुआ? *(हँसते हुए)* सामान्य मौत और खासकर बुढ़ापे की मौत कोई समाचार नहीं बनती, मिस्टर राजन। मौत की घटनाएँ समाचार तब बनती हैं जब आदमी किसी हत्यारे की गोली से मरा हो, बम विस्फोटों में मरा हो, सड़क-दुर्घटना में मरा हो, अस्पताल में डॉक्टरों की लापरवाही से मरा हो। वैसे भी व्यक्तिगत मृत्यु के मुकाबले सामूहिक मृत्यु के समाचार

अधिक आकर्षक होते हैं पाठकों के लिए।

राजन : हाँ, यह बात तो ठीक कहते हैं। पाठक अब इस बात में अधिक दिलचस्पी लेते हैं कि किस घटना में कितने आदमी मरे?

संपादक : अच्छा! तो जाओ, लोकल समाचार निबटाओ जल्दी से।

[राजन अपने स्थान पर आकर बैठ जाता है। आसपास बैठे कई लोग समाचार लिख रहे हैं। बराबर का व्यक्ति सुधीर गुप्ता सिर उठाकर राजन से पूछता है।]

सुधीर : राज, आज क्या घटना घट गई तुम्हारे साथ?

राजन : यार, आज सवेरे पिताजी का देहांत हो गया।

सुधीर : *(शांत स्वर में)* सहयोग समिति वालों को सूचित कर दिया होता।

राजन : कर दिया है। आ गए होंगे वे लोग। ठीक-ठाक हो जाएगा सब काम।

सुधीर : बीती सदी के कोई बीस साल पहले मुश्किल हुआ करती थी। लोगों के क्रियाकर्म की सारी व्यवस्था खुद ही करनी पड़ती थी तब। अब तो बड़े शहरों में कई संस्थाएँ हैं। पैसे तो कुछ ज्यादा लगते हैं, लेकिन काम आसानी से हो जाता है और खुद कोई झंझट उठाए बगैर हो जाता है।

राजन : हाँ, यह तो है।

सुधीर : कितनी उम्र थी तुम्हारे पिताजी की?

राजन : पचहत्तर साल के लगभग।

सुधीर : ठीक टाइम है, पुरानी पीढ़ी को नई पीढ़ी के लिए ठीक समय पर जगह खाली कर देनी चाहिए, जैसे रिटायरमेंट की एक आयु निश्चित है।

एक व्यक्ति : *(तीसरी मेज पर काम करते हुए)* जमशेदपुर में भयंकर ट्रेन दुर्घटना हो गई है। अब तक डेढ़ सौ लोगों के मरने की सूचना है।

राजन : तो आज अखबार की बैनर हेडिंग यही होगी न?

सुधीर : निश्चित तौर पर।

[परदा पुनः उठता है तो मंच पर राजन के घर का दृश्य उभरता है। दोनों बच्चे, सविता और राजन अपने-अपने स्थानों पर बैठे हैं।]

राजन : *(पत्नी की ओर देखते हुए)* अंतिम संस्कार ठीक-ठाक हो गया पापाजी का?

सविता : हाँ, सहयोग समितिवाले आ गए थे…विधिपूर्वक हो गया सब कुछ।

[बातचीत के दौरान भोला चाय की ट्रे लेकर आता है और मेज पर चाय की प्यालियाँ रखकर एक तरफ खड़ा हो जाता है।]

राजन : *(चाय की चुस्की लेते हुए)* मेरा विचार है कि आनेवाले रविवार को शोकसभा भी संपन्न हो जानी चाहिए।

सविता : हाँ, ठीक रहेगा

राजन : तो बस व्यवस्था करो आज ही से।

सविता : व्यवस्था क्या करनी है। आदर्श शोकसभा संघ को सूचित कर दो। वे लोग आ जाएँगे। शोक व्यक्त करेंगे, दिवंगत आत्मा को श्रद्धांजलि अर्पित करेंगे, आयोजन जरा ढंग से हो जाएगा।

राजन : वह तो है, लेकिन संबंधियों, परिचितों को भी तो सूचित करना होगा न।

सविता : यह कौन सा मुश्किल काम है। कुछ कार्ड छपवा लो, भोला बाँट आएगा। वही आदर्श शोकसभा संघवालों को भी बुक कर आएगा।

राजन : हाँ, ठीक है। आध-पौन घंटे तक यह कार्यक्रम चलेगा, बाहर मैदान में शामियाना लग जाएगा।

सविता : आपको क्या चिंता करनी है जी। शोकसभा संघ वाले सब व्यवस्था खुद ही कर लेंगे।

राजन : बिल्कुल! कुछ पैसा एडवांस भेजकर बुक कर लो उन्हें।

मुझे तो मालकिन, पिछली सदी में ही लौटा दो आप। मैं तो वहीं ठीक था। वहीं ठीक था।

सविता : *(कुछ नोट नौकर की ओर बढ़ाते हुए)* अरे, भोला! जा, तू आदर्श शोकसभा संघ के कार्यालय चला जा और अगले रविवार के लिए उन्हें बुक कर आ।

भोला : *(दुःख भरे स्वर में)* नहीं मालकिन, यह सब मुझसे नहीं होगा। यहाँ तो रोने के लिए भी किराए के लोग चाहिए और मुरदे को जलाने के लिए भी।

राजन : लेकिन तुम्हें क्या आपत्ति है रे इसमें?

भोला : नहीं मालिक! मैं नहीं कर पाऊँगा यह सब! पहले तो घर का कुत्ता भी मरता था तो लोग दुःखी हो जाया करते थे। खाना नहीं खाते थे दो-दो टैम।

सविता : तो तू क्या चाहता है, भोले!

भोला : मुझे तो मालकिन, पिछली सदी में ही लौटा दो आप। मैं तो वहीं ठीक था। वहीं ठीक था, मैं तो मालकिन।

[परदा गिर जाता है।]

(समाप्त)

गोपाल जैसे ही मुख्य सड़क पर आता है, वैसे ही अनायास उसकी भेंट अपने पुराने मालिक डॉ. श्रीमाली से होती है।

श्रीमान एक्स-21

पात्र-परिचय

गोपाल

डॉ. श्रीमाली

गिरिधारीलाल

अलका

राजरानी

[विज्ञान कॉलोनी में किसी प्रदर्शनी मैदान की भाँति इधर-उधर बिखरी कोठियों के बीच एक सफेद रंग की आलीशान कोठी के मुख्य द्वार से सेठ गिरधारीलाल का युवा नौकर गोपाल बाहर निकलता दिखाई दे रहा है। उसके पाँव बोझिल हैं और वह चिंतित है। गोपाल, कॉलोनी के लिंक मार्ग से मुख्य सड़क तक धीरे-धीरे चलकर आता है। भोर का समय है। सड़कों पर अभी बहुत ज्यादा चहल-पहल आरंभ नहीं हुई है। बाहर की घनी आबादी से दूर यह जगह काफी शांतिपूर्ण दिखाई देती है। गोपाल जैसे ही मुख्य सड़क पर आता है, वैसे ही अनायास उसकी भेंट अपने पुराने मालिक डॉ. श्रीमाली से हो गई। डॉ. श्रीमाली स्थानीय डिग्री कॉलेज में प्रोफेसर हैं। युग हमारा-आपका नहीं, इक्कीसवीं सदी के प्रारंभ का है।]

गोपाल : *(हाथ जोड़कर)* नमस्ते साब!

डॉ. श्रीमाली : नमस्ते-नमस्ते गोपाल, आज सुबह-सुबह कहाँ चला?

गोपाल : कहीं नहीं साब, अभी सोचा ही नहीं कि कहाँ जाऊँगा?

डॉ. श्रीमाली : क्यों, क्या बात है?

गोपाल : साब, नौकरी छूट गई, सेठजी ने नौकरी से निकाल दिया।

डॉ. श्रीमाली : क्यों, क्या हुआ? किस आरोप में?

गोपाल : आरोप तो कुछ नहीं साब, सबसे बड़ा आरोप तो इस इक्कीसवीं सदी ने लगाया है। अब तो हम जैसे लोगों का धंधा ही घपले में पड़ गया है।

डॉ. श्रीमाली : *(गोपाल की बात में दिलचस्पी लेते हुए)* क्या मतलब? इक्कीसवीं सदी से तुम्हारी नौकरी का क्या संबंध है?

गोपाल : है साब, अब आदमी का काम मशीन करेगी।

डॉ. श्रीमाली : मशीन! लेकिन आदमी भी तो अब एक मशीन ही रह गया है, हाड़-मांस की जीवित मशीन, सामाजिक व्यवस्था का एक छोटा-अदना सा पुर्जा। जब तक यह व्यवस्था है, आदमी की आवश्यकता तो बनी ही रहेगी।

गोपाल : नहीं साब! अब व्यवस्था बदल रही है। अब हम जैसे लोगों की जरूरत ही नहीं रही।

डॉ. श्रीमाली : जरूरत नहीं रही? क्यों? वह कैसे?

गोपाल : अब यह देखिए ना साब, जब से कोठी में एक्स-21 आया है, उसने घर का सारा काम-धंधा सँभाल लिया। अब मुझ जैसे लोगों की जरूरत ही क्या है सेठ साहब को।

डॉ. श्रीमाली : *(पूरी तरह बात न समझते हुए)* यह एक्स-21 क्या बला है? क्या कोई अंग्रेजी छोकरा रख लिया है सेठजी ने?

गोपाल : *(बात काटते हुए)* नहीं साब! अंग्रेजी छोकरा नहीं, मशीन का आदमी, पूरे नब्बे किलो का। मोटा-तगड़ा, सारे काम ठीक-ठाक करता है, कोई झंझट नहीं। न खाना, न पीना, न आराम। बस, काम ही काम।

डॉ. श्रीमाली : *(बात की तह तक पहुँचते हुए)* अच्छा! तो सेठ गिरिधारी लालजी ने इक्कीसवीं सदी शुरू होते ही रोबोट मँगा लिया।

लोहे का मशीनी आदमी। *(हँसते हुए)* और रोबोट ने तुम्हें बेदखल कर दिया?

गोपाल : यही समझ लो, साब!

डॉ. श्रीमाली : तो अब तुम कहाँ जाओगे? बीसवीं सदी में या अठारहवीं सदी में?

गोपाल : मैं समझा नहीं, साब! आप किस जगह जाने की बात कर रहे हैं?

डॉ. श्रीमाली : तुम नहीं समझोगे, नहीं समझोगे! और मैं तुम्हें समझा भी नहीं सकता। आज हमारा देश तीन शताब्दियों में एक साथ साँसें ले रहा है। यहाँ से चलकर पुरानी बस्ती की ओर जाओगे तो वहाँ तुम्हें लोग बीसवीं सदी के रंग-ढंग और विचारधारा में जीवन जीते हुए मिलेंगे। वहाँ से चलकर तुम उस गाँव में पहुँच जाओ, जहाँ से तुम अपने बचपन में आए थे, तो वहाँ के लोग उन्नीसवीं सदी में जी रहे हैं। बैलगाड़ी से लेकर रोबोट तक की सभ्यता हमारे देश में एक साथ देखने को मिल सकती है।

गोपाल : *(इस लंबे संवाद पर ध्यान देते हुए)* आप तो सेठजी के बहुत नजदीकी हैं। आप ही उनसे कहिए न कि वह मुझे घर में नहीं तो शुगर मिल में ही कोई छोटा-मोटा काम दे दें। वह आपका कहा नहीं टालेंगे। मेरी दो जून की रोटी चल जाएगी।

डॉ. श्रीमाली : सारी दिक्कत तो यही है गोपाल कि तुम रोटी खाते हो, कपड़ा पहनते हो, आराम भी करते हो, कुछ न कुछ समय यार-दोस्तों में भी गँवाते हो, जबकि रोबोट को इन सब चीजों की कोई जरूरत नहीं। सेठजी अपनी फैक्टरी का भी आधुनिकीकरण कर ही रहे होंगे। वह वहाँ भी छँटनी अवश्य करेंगे। अच्छा, मैं बात करता हूँ सेठजी से।

[गोपाल हाथ जोड़कर नमस्ते करते हुए ढीले-ढीले कदमों

भई वाह प्रोफेसर साहब! आप खूब आए, मैं तो कई दिनों से आपको याद कर रहा हूँ।

से सड़क की ओर बढ़ जाता है और डॉ. श्रीमाली सेठ गिरिधारीलाल की आलीशान कोठी की तरफ जाते हुए दिखाई देते हैं।]

(दृश्य परिवर्तन)

[सेठ गिरिधारीलाल की कोठी।]

डॉ. श्रीमाली : *(कॉलबेल पर उँगली रखकर इंतजार करते हुए)* आश्चर्यचकित हूँ कि दुनिया क्या से क्या हो गई? *(अचानक ड्राइंग रूम के स्वचालित द्वार के पट खुल जाते हैं। सेठ गिरिधारीलाल स्वागत की मुद्रा में दिखाई देते हैं।*

गिरिधारीलाल : भई वाह प्रोफेसर साहब! आप खूब आए, मैं तो कई दिनों से आपको याद कर रहा हूँ।

डॉ. श्रीमाली : कैसे याद आई हमारी?

गिरिधारीलाल : बात तो कुछ नहीं है। हाँ, बात कुछ ऐसी है प्रोफेसर साहब। सोचता हूँ कि जल्दी से जल्दी अपना नाम बदल दूँ।

डॉ. श्रीमाली : लेकिन सेठजी, आपको ये नाम बदलने की क्या सूझ रही है? अच्छा-भला नाम है, माँ-बाप का दिया हुआ। फिर इसका सांस्कृतिक महत्त्व भी है– ऐतिहासिक परंपरा और उसकी पृष्ठभूमि में।

गिरिधारीलाल : *(बात काटते हुए)* इतिहास और संस्कृति को गोली मारिए जी। नए युग में पुरानी संस्कृति को बनाए रखने की क्या तुक है? जी रहे हैं इक्कीसवीं सदी में और लिये फिरते हैं वही दकियानूसी नाम गिरिधारीलाल। *(हँसते हुए)* वही बात हुई ना···प्रोफेसर साहब! 'आँख का अंधा और नाम नैनसुख।'

डॉ. श्रीमाली : तो फिर कोई नाम सोचा आपने?

गिरिधारीलाल : अब तक तो नहीं सोचा। कुछ आप ही सुझाइए। दरअसल, बात यह है प्रोफेसर साहब कि मिस्टर एक्स-21 के मुकाबले में यह गिरिधारीलाल तो बहुत दकियानूसी बल्कि

सच कहूँ तो सड़ियल सा नाम दिखाई पड़ता है।

डॉ. श्रीमाली : *(बनावटी आश्चर्य व्यक्त करते हुए)* यह मि. एक्स-21 कहाँ से आए हैं, सेठजी? क्या कोई विदेशी सज्जन आए हैं आपके यहाँ?

गिरिधारीलाल : नहीं भई, नहीं। यह मि. एक्स-21 हैं इक्कीसवीं सदी के मि. रोबोट। हम उसे मिस्टर एक्स-21 ही कहते हैं।

डॉ. श्रीमाली : और गोपाल को कहाँ भेज दिया?

गिरिधारीलाल : बात यह है प्रोफेसर साहब! कंप्यूटर के इस युग में गोपाल जैसे मूर्ख व्यक्तियों की जरूरत नहीं रही है, दस काम बताओ तो उसमें से पाँच तो वह भूल ही जाता है, लेकिन रोबोट! सवाल ही नहीं कि कोई भूल-चूक कर जाए।

डॉ. श्रीमाली : रोबोट में तो असीम विवेक होगा, सेठजी।

गिरिधारीलाल : हाँ, प्रोफेसर साहब! रोबोट में हमारे यहाँ के एक आदमी सें ज्यादा विवेक है, ज्यादा समझ है। अब यही देखिए ना, रात में सोने के पहले दिन भर के सारे काम और उनके ठीक-ठीक समय रोबोट की मेमोरी में फीड कर दिए जाते हैं। सुबह होते ही वह सारे काम बिना तकाजा किए, बिना कहे होशियारी से करता रहता है। कहीं कोई चूक नहीं करता।

डॉ. श्रीमाली : लेकिन कई काम ऐसे भी तो हो सकते हैं सेठजी, जो बताए नहीं जाते और आदमी अपने विवेक से उन्हें स्वयं करता रहता है।

गिरिधारीलाल : *(हँसते हुए)* यह तो मूर्खता है, कोरी मूर्खता! भई, जिन कामों को बताया नहीं जाता है, रोबोट वह काम क्यों करे? न बता पाना आदमी की भूल हुई, रोबोट की नहीं।

डॉ. श्रीमाली : सेठजी, आपने तो कमाल का काम किया है। वाह! पर यह तो बताइए, आप इस एक्स-21 से किस प्रकार काम ले रहे हैं कि आपको कभी कोई शिकायत नहीं होती और आप पूरी तरह संतुष्ट हैं।

गिरिधारीलाल : बिल्कुल सेट प्रोग्राम है। सोने से पहले यह निर्देश उसकी

मेमोरी में फीड कर दिए गए। ठीक सुबह आठ बजे मेज पर नाश्ता लगना है। ठीक साढ़े आठ बजे मेज से नाश्ते के बरतन उठा लेने हैं। साढ़े आठ बजे से नौ बजे तक किचन और घर के अन्य स्थानों की सफाई करनी है। साढ़े नौ बजे तक कल के गंदे कपड़ों की धुलाई होनी है। साढ़े नौ से साढ़े ग्यारह बजे तक बगीचे में निराई-गुड़ाई होनी है और सिंचाई आदि करनी है, साढ़े ग्यारह से एक तक छोटी बिटिया सोना, जो अभी केवल तीन वर्ष की है, को खिलाना है। ठीक एक बजे डायनिंग टेबिल पर खाना लगा देना है। ठीक डेढ़ बजे मेज से खाने के बरतन हटा लेने हैं। डेढ़ से दो बजे तक डायनिंग टेबिल, किचन तथा जूठे बरतनों की सफाई करनी है और उन्हें उनके उचित स्थानों पर रखना है। दो-ढाई बजे तक हमारे या बच्चों के बेडरूम में आकर पियानो पर कोई मीठी सुरीली धुन बजानी है।

डॉ. श्रीमाली : तो क्या आपका रोबोट पियानो भी बजाता है?

गिरिधारीलाल : पियानो? ऐसा-वैसा नहीं, क्या कोई उस्ताद बजाएगा उसके मुकाबले में! आप सुनें तो दिल खुश हो जाए। मिनट भर में सारी थकान दूर।

डॉ. श्रीमाली : *(आश्चर्य से)* जरा हमको भी तो मिलवाइए श्रीमान एक्स-21 से। बड़े कमाल की चीज है!

गिरिधारीलाल : और मजा यह प्रोफेसर साहब कि न खाने को माँगता है और न पहनने को। उसे न नींद की जरूरत है, न आराम की। रात को सारे कामों से निपटने के बाद द्वार पर पहरा देता है। आप सो जाएँ निश्चिंत होकर, कोई खतरा नहीं।

डॉ. श्रीमाली : जरा उसे बुलाइए तो सही यहाँ? देखूँ तो, है कैसा?

गिरिधारीलाल : आप आराम से बैठिए और आज दोपहर का खाना हमारे ही साथ खाइए। देखिए, कितनी चतुराई से काम करता है मि. एक्स-21?

[एक बजे से कुछ पहले सब लोग खाने की मेज पर हैं, बीच में सेठ गिरिधारीलाल बैठे हैं। उनकी बगल में सेठजी की युवा पत्नी राजरानी, फिर उनकी युवा भतीजी अलका और फिर डॉ. श्रीमाली। ठीक एक बजते ही रोबोट हाथ में खाने की ट्रे लिये आता है और सलीके से सारा सामान मेज पर सजा देता है।]

डॉ. श्रीमाली : सचमुच, बहुत बड़ा कमाल है, साहब?

गिरिधारीलाल : कमाल? अभी आपने देखा ही क्या है, आगे-आगे देखते जाइए।

राजरानी : *(सबके साथ खाना शुरू करते हुए)* दरअसल, बात यह है डॉ. साहब, अगर हमने तेजी से आगे बढ़ते हुए विज्ञान का साथ न दिया तो हम पिछड़ जाएँगे। विकास की दौड़ में आगे बढ़ना है तो गोपाल जैसे मूर्खों से मुक्ति पानी ही होगी। जब तक काम में तेजी और एफिशिएंसी नहीं आएगी, हम पिछड़े रहेंगे।

अलका : आंटी, आप कुछ भी कहें, मुझे इस सारी एफिशिएंसी के बाद भी गोपाल की कमी हर समय महसूस होती है।

राजरानी : स्वीटी! तुम भी कम मूर्ख नहीं हो, बात-बात पर उसे टोकना पड़ता था, झुँझलाना पड़ता था, फिर भी काम बिगड़ जाते थे। क्या इस सब झंझट से मुक्ति नहीं मिल गई?

गिरिधारीलाल : और इस बात को ऐसे भी सोचो। यदि हम खाने, कपड़े और वेतन सहित गोपाल पर एक हजार रुपये मासिक भी खर्च कर रहे हों, और वह हमारे साथ बीस साल रहे तो ढाई लाख रुपये से अधिक उस पर खर्च करने पड़ेंगे। इस रकम में वह चोरियाँ और बेईमानियाँ शामिल नहीं हैं, जो घरेलू नौकर अकसर करते हैं।

अलका : लेकिन अंकल, मान लीजिए, आपके यह मिस्टर एक्स-21 अचानक बीमार हो जाएँ, यानी किसी बड़ी यांत्रिक खराबी

का शिकार हो जाएँ तो आपको एक ही बार में कितने रुपये खर्च करने पड़ेंगे?

राजरानी : मानने को तो कुछ भी माना जा सकता है, अलका। हम-तुम भी तो बीमार होते रहते हैं। सारी बात तो संयोग की है।

अलका : जीवन में संयोगों का भी बहुत बड़ा महत्त्व है, आंटी! क्या इन्हें नकारा जा सकता है?

राजरानी : लेकिन एक बात तो तुम भी देख ही रही हो, अलका, पिछले एक सप्ताह से, जब से यह रोबोट काम कर रहा है, घर के कामों में कितनी सुथराई और कितना संतुलन आ गया है। कोई बकबक, झकझक नहीं। एकदम शांति।

डॉ. श्रीमाली : यह तो ठीक है, काम में तेजी और एफिशिएंसी आई है। यह भी ठीक है कि अकेला रोबोट कई आदमियों का काम एक साथ कर रहा है; लेकिन यह भी ठीक ही लगता है कि उससे देश में बेरोजगारी बढ़ेगी?

राजरानी : तो क्या डॉ. साहब? आपको दु:ख है गोपाल के बेरोजगार हो जाने का?

डॉ. श्रीमाली : समस्या एक गोपाल की ही नहीं है, अगर यह सिलसिला बढ़ता है, तो कितने ही गोपाल बेरोजगार होंगे।

गिरिधारीलाल : तो क्या गोपाल जैसे लोगों के लिए विकास के बढ़ते हुए कदमों को रोका जा सकता है?

अलका : रोका तो नहीं जा सकता, अंकल, लेकिन उनका स्थान बना ही रहना चाहिए समाज में।

राजरानी : किसने रोका है उन्हें? काम सीखें। प्रशिक्षण प्राप्त करें, समय की आवश्यकताओं के अनुसार रोजगार के अवसर स्वयं पैदा होंगे।

अलका : काम सीखने और प्रशिक्षण पाने की स्थिति में होते तो ये लोग बेचारे हमारे-आपके यहाँ नौकरी ही क्यों करते?

डॉ. श्रीमाली : मैं तुम्हारी बात से सहमत हूँ, अलका। तुम ठीक कहती हो। समाज में इनकी भूमिका को स्वीकारना ही पड़ेगा,

वरना सारी व्यवस्था गड़बड़ा जाएगी।

राजरानी : यह तो मूर्ख है, डॉ. साहब! हमेशा कम्युनिस्टों जैसी बातें करती है।

डॉ. श्रीमाली : मुझे लगता है, हममें से सब कहीं-न-कहीं कोई गलती जरूर कर रहे हैं। खैर, इस बहस को छोड़िए। कुछ भी हो आपके यह मिस्टर एक्स-21 हैं बहुत कमाल की चीज। देखने में बिल्कुल आदमी जैसे हैं, लेकिन देख नहीं सकते और जब देख नहीं सकते तो ठीक रास्ते पर चल कैसे पाते हैं?

गिरिधारीलाल : इन्हें इनके निश्चित रास्तों के लिए निर्देशित कर दिया गया है। यह उन रास्तों से एक इंच भी इधर-उधर नहीं भटक सकते, यह तो आदमी ही है जो ठोकर खा जाता है, भटक जाता है। फिर यह तो कंप्यूटर से निर्देशित होता है।

[खाने की मेज पर सब लोग इतने व्यस्त हो गए कि समय का पता ही न चला, अचानक रोबोट के आने की ध्वनि सुनाई दी तो सेठ गिरिधारीलाल ने तुरत घड़ी देखी। डेढ़ बज रहा था। अलका, राजरानी और डॉ. श्रीमाली ने अभी अपना खाना समाप्त नहीं किया था, तभी रोबोट आया और सामने से प्लेटें उठाने लगा।]

डॉ. श्रीमाली : अरे, अरे! यह क्या करते हो, भाई। अभी तो मैंने खाना भी नहीं खाया।

अलका : अंकल, नहीं सुनेगा यह कुछ भी। अभी तो खाना मैंने भी नहीं खाया। अब रहिए सब लोग भूखे। आदमी हो, सुनता और समझता हो, तो उसे रोक भी दिया जाए, उससे कह भी दिया जाए। यह तो लोहा है, विवेकहीन। शिष्टाचार और सभ्यता से अपरिचित!

गिरिधारीलाल : अलका, तुम किस सभ्यता की बात कर रही हो? *(कहकहा लगाते हुए)* सामंती युग की सभ्यता की? भूल जाओ

और केवल यह याद रखो कि तुम इक्कीसवीं सदी में जी रही हो।

राजरानी : और साथ में यह भी याद रखो कि गलती तुमने की है, रोबोट ने नहीं, जब तुम जानती हो कि ठीक डेढ़ बजे मेज से खाने की प्लेटें उठा ली जाएँगी तो तुमने खाना खाने में इतनी सुस्ती क्यों की? अगर हम इसी शिथिलता से काम लेते रहे तो विकास की होड़ में बहुत पीछे रह जाएँगे।

अलका : भई, हम पीछे ही सही, लेकिन पेट तो भरे।

[सब लोग कहकहा लगाते हैं।]

गिरिधारीलाल : अलका बेटी! तुम भूखी रह गई हो तो गुस्सा क्यों करती हो? यह कोई जीवित आदमी तो है नहीं, मशीन है। इस पर तुम्हारे गुस्से का क्या असर होनेवाला है। बाद में जाकर किचन में खा लेना।

अलका : दु:ख तो यही है, अंकल! इस कमबख्त रोबोट ने हमसे गुस्सा करने और मन की भड़ास निकालने का अधिकार भी छीन लिया। नहीं खाने का दु:ख नहीं है।

[सब लोग खाने की मेज से उठते हैं। रोबोट आकर मेज की सफाई करता है। डॉ. श्रीमाली सेठजी को धन्यवाद देकर विदा लेते हैं।]

[दृश्य बदलता है। सुबह का लगभग दस बजे का समय है, डॉ. श्रीमाली, सेठ गिरिधारी लाल के ड्राइंग रूम में कीमती सोफे पर कमर तक धँसकर बैठे हैं। सामने स्टैंड पर एक न्यूड स्टैचू है। सेठजी, उनकी पत्नी राजरानी और अलका भी उपस्थित हैं। राजरानी अपनी बेटी सोना को गोद में लिये हुए है।]

गिरिधारीलाल : आप ठीक कहते थे, प्रोफेसर साहब! लगता है, गोपाल को फिर से बुलाना ही पड़ेगा।

डॉ. श्रीमाली : क्यों सेठजी, क्या मामला है? क्या रोबोट से काम नहीं चल रहा है? क्या उसमें कोई खराबी आ गई।

अलका : *(हँसते हुए)* खराबी नहीं, डॉ. साहब! गिरफ्तार हो गया।

डॉ. श्रीमाली : *(हैरत से)* पकड़ा गया, क्या मतलब? क्या मशीन का आदमी भी पकड़ा जा सकता है?

गिरिधारीलाल : हाँ प्रोफेसर साहब! यह भी एक अजूबा है विश्व का।

अलका : लेकिन मैं पहले ही उस एक्स-21 के मशीनीपन से ऊब गई थी। मैं तो पहले ही कहती थी कि यह सोना को फीडिंग तो करा सकता है, लेकिन उसे प्यार की गरमाहट नहीं दे सकता। वह समय पर लंच और डिनर तो लगा सकता है, लेकिन उसमें अपनेपन की वह मिठास नहीं भर सकता, जो जीवन की प्रतीक है।

डॉ. श्रीमाली : इसमें क्या शक है, मशीन आदमी का स्थान ले ही नहीं सकती।

अलका : आदमी जो छोटी-छोटी भूलें करता है, उसके भी अर्थ होते हैं, डॉक्टर साहब! इस कमबख्त ने तो हम सबको मशीन में ढालना आरंभ कर दिया था।

गिरिधारीलाल : दरअसल, इस अलका की रात-दिन की आलोचना से तंग आकर मैंने उसे घर से हटा दिया और शुगर फैक्टरी में भेज दिया, जहाँ वह क्रेशर मशीन में गन्ने की पूलियाँ डालने का काम कर रहा था।

डॉ. श्रीमाली : तो फिर? क्या वह काम उससे नहीं हो सका?

गिरिधारीलाल : नहीं डॉ. साहब, ऐसी बात नहीं है। काम वह कुछ जरूरत से ज्यादा ही कर गया।

डॉ. श्रीमाली : यानी, यानी क्या मतलब?

गिरिधारीलाल : ऐसा हुआ, एक दिन रात की ड्यूटी में रोबोट मुस्तैदी से गन्ने की पूलियाँ क्रेशर मशीन पर डाल रहा था। करीब में बैठा था वर्क सुपरवाइजर अशोक सेन। आस-पास की पूलियाँ जब समाप्त हो गईं तो एक्स-21 ने रुटीन में काम करते हुए अशोक सेन को गन्ने की पूली की तरह

उठाया और क्रेशर मशीन में फेंक दिया। वह तो अच्छा हुआ कि सामने ही इंजीनियर ओ.पी. जैन उपस्थित था। उसने तुरत ही खतरे का अलार्म बजाया और मशीन बंद कर दी। इसके बावजूद अशोक सेन का दायाँ हाथ बाजू से कटकर टुकड़े-टुकड़े हो गया।

डॉ. श्रीमाली : *(खेद व्यक्त करते हुए)* बड़ी दुखद घटना है।

अलका : और यह घटना बताती है कि मशीन का आदमी आदमी और गन्ने की पूली में अंतर नहीं करता, उसके लिए सब एक बराबर हैं।

गिरिधारीलाल : लेकिन इससे भी मजे की घटना यह है कि अशोक सेन ने पूरी आर्थिक सहायता और मेडिकल सहायता लेकर भी मिस्टर एक्स-21 के विरुद्ध पुलिस में रिपोर्ट दर्ज करा दी।

डॉ. श्रीमाली : लेकिन रिपोर्ट तो उसे आपके खिलाफ करनी चाहिए थी, मशीनी आदमी का क्या बनना-बिगड़ना है?

गिरिधारीलाल : ऐसा भी हो सकता था। बहरहाल, पुलिस आई और मिस्टर एक्स-21 को पकड़कर ले गई।

अलका : और अंकल, इससे भी दिलचस्प घटना सत्र न्यायाधीश की अदालत में पेश आई।

डॉ. श्रीमाली : वह क्या?

गिरिधारीलाल : जब मिस्टर एक्स-21 को पुलिस ने अदालत में पेश किया और हमने उसकी जमानत के लिए प्रार्थना-पत्र दाखिल किया तो न्यायाधीश मि. जोशी असमंजस में पड़ गए।

डॉ. श्रीमाली : हाँ, वाकई, यह तो अदालत के लिए बिल्कुल नया और विचित्र केस रहा होगा।

गिरिधारीलाल : जी हाँ, जमानत देने से पहले न्यायाधीश श्री जोशी ने कहा कि इनसानी अदालतें मशीनी आदमी को क्या दंड दे सकती हैं, यह सोचने की बात है और यह भी सोचने की बात है कि क्या इक्कीसवीं सदी में भारतीय दंड संहिता को भी बदलने की आवश्यकता है? मिस्टर

एक्स-21 तो जमानत पर रिहा हो गए, लेकिन मुकदमा अदालत में विचाराधीन है। देखा आपने, कैसा विचित्र मामला है!

[सब मिलकर ठहाका लगाते हैं और दृश्य समाप्त हो जाता है।]

(समाप्त)